Regina Urbach

111 Orte in und um Worms, die man gesehen haben muss

111

emons:

Bibliografische Information der Deutschen Nationalbibliothek
Die Deutsche Nationalbibliothek verzeichnet diese Publikation in der Deutschen Nationalbibliografie; detaillierte bibliografische Daten sind im Internet über http://dnb.d-nb.de abrufbar.

Gestaltung: Eva Kraskes, nach einem Konzept von Lübbeke | Naumann | Thoben
Kartografie: altancicek.design, www.altancicek.de
Kartenbasisinformationen aus Openstreetmap,
© OpenStreetMap-Mitwirkende, ODbL
Druck und Bindung: Himmer GmbH Druckerei & Verlag, Augsburg
Printed in Germany 2021
ISBN 978-3-7408-1172-3
Originalausgabe

Vorwort

Kaum eine Stadt eignet sich besser für eine Zeitreise als Worms. Der Fahrstuhl in vergangene Zeiten kennt viele Stationen: die Bronzezeit, die Eiszeit mit Wollnashörnern und Höhlenbären, die Kelten und Römer, die Zeit Luthers, Napoleons oder der 1848er-Revoluzzer, die Gründerzeit, die Goldenen Zwanziger oder das mittelalterliche Warmaisa, Stätte jüdischer Gelehrsamkeit und Weltkulturerbe.

Lassen Sie sich von diesem Buch inspirieren und mit offenen Sinnen durch Stadt und Umland treiben. Erkunden Sie die Region, fahren Sie mal über den Rhein, mal in den Wonnegau, mal ins zauberhafte Zellertal. Und spitzen Sie die Ohren, welche Geschichten auch scheinbar gewöhnliche Orte zu erzählen haben, nicht nur Dom, romanische Klöster und Stadtmauer. Mancherorts sind es zwei oder drei Geschichten. Nicht alle sind 100 Prozent historisch verbürgt. Aber alle stecken zu 100 Prozent voller Leben.

Ein verschmitztes Statuen-Lächeln, einer der vielgestaltigen Drachen, ein Geheimgang zum Dom, Graffiti-Kunst und Mosaiken oder ein gigantischer Gobelin kitzeln an vielen Stellen die Neugier. Knorrige Naturdenkmale, ein fast übersehenes Häuschen und überall der historisch gesättigte Boden vibrieren geradezu von vielversprechenden Geheimnissen. Unter die bemerkenswerten Orte wurde auch Deutschlands ältester Puff aufgenommen. Weit von jeder Verharmlosung oder Verteufelung gehört auch er zur Realität dieser Stadt mit ihren vielen Gesichtern.

Nun wünsche ich Ihnen bestes Lesevergnügen im Meer der Wormser Skurrilitäten und Überraschungen. Wer seine Sinne schärft, dem flüstern 111 Geschichten ins Ohr, finden sich zusammen zu einem vielstimmigen Chor. Und wer schafft es, seine eigene Worms-Geschichte in die Steine der alten Domstadt zu prägen? Pflastern Sie Promenaden, Auen und Pfade mit Ihren Fußsohlen; hinterlassen Sie Ihren Beitrag zum Leben dieser sagenhaften Stadt!

111 Orte

1 Das alte Kelterhaus

Kultur und Blumen »to go«

Am südlichen Ortsrand von Alsheim biegt das Sträßchen »Außerhalb« ab zu einem Gehöft, dessen Hauptbau samt Spitzbogenfenster von Efeuranken fast eingewachsen ist: In diesen Mauern befindet sich die alte Kelterei. In den historischen Gebäuden ist in den letzten Jahren eine Kultur-Location entstanden, in der man sich im Sommer im Rebengarten bei Grillenzirpen nach Italien versetzt fühlt. Man sitzt zwischen Lavendelstauden und Skulpturen im Zaubergarten. Im Winter lädt auch das urige Keltergewölbe im Saal ein zu Kultur, Speis und Trank. Bands an der Schwelle vom Geheimtipp zur Bekanntheit und Kleinkunst haben hier einen mediterranen Rahmen inmitten kultivierter Natur gefunden. Die Räumlichkeiten können auch für private Feiern angemietet werden.

Rheinhessische Tapas und Snacks, aber auch gutbürgerliche deutsche Kost munden zu schmackhaften Tropfen aus der Region. Hier wurde früher Wein gekeltert und gelagert. Fast verwunschen mutet das Gesamt-Ensemble an, mit Holzöfen, nostalgischen Raritäten und dem terrassierten, großen Garten. Ein Gartencenter mit allerlei Blühendem, mediterranen Topfgewächsen und kleinen Bäumchen – im Advent mit Weihnachtsbäumen – ist auch dann zugänglich, wenn die Betreiber gerade mal nicht da sind. Nach bestem Trauen und Vertrauen, wie es auch in der Pfalz vielerorts noch üblich ist, wirft man den Obolus dann in einen Briefkasten. Gleich am alten Keltergut beginnen die berühmten Weinwanderwege nach Mettenheim und Guntersblum, von denen sich beeindruckende Blicke über die Rheinebene, Felder und Rebenmeere bieten. Das wissen mittlerweile viele Radtouristen zu schätzen. Speziell für Besucher, die auf Mehrtagestouren hier vorbeischauen, sind zwei »Radler-« beziehungsweise »Wingerthäuschen« zur Übernachtung eingerichtet. Eine Reservierung vorab ist anzuraten.

Wer sich hier nicht im Wunderland fühlt, hat definitiv keine romantische Ader!

Adresse Zum alten Kelterhaus, Außerhalb 7, 67577 Alsheim, Tel. 06249/5702, www.zumaltenkelterhaus-alsheim.de | **Anfahrt** B 9 von Worms, Ausfahrt Alsheim, zweite Kreiselausfahrt Mainzer Straße/Bachstraße durch den Ort folgen, letzte Straße rechts | **Öffnungszeiten** Mi–Sa 17–0 Uhr, So 12–22 Uhr | **Tipp** In der Nähe liegt Schloss Alsheim. Besonders lohnt ein Besuch zu Pfingsten während der Open-Air-Ausstellung »HandArtFestival«.

2 Die Heidenturmkirchen

Rheinhessisch bis in die Spitzen

Die Spitzen der Heidenturmkirchen in Alsheim, Dittelsheim-Heßloch, Guntersblum und der Pauluskirche in Worms mögen auf viele exotisch oder mystisch wirken. Eines sind sie bestimmt nicht: heidnisch. Man vermutete in ihnen eine Art Nachbildung der Grabeskirche von Jerusalem, denn schließlich entstanden sie zur Zeit des Ersten Kreuzzugs. Haben sich zurückkehrende Jerusalempilger inspirieren lassen? Doch wer in Jerusalem ein Ebenbild der Kirchturmspitzen sucht, sei gewarnt. Zum damaligen Zeitpunkt war die Grabeskirche, ein Werk byzantinischer Baukunst, vermutlich stark beschädigt. Immerhin ist bis heute noch eine ähnliche Kuppel zu erkennen, auch wenn viele der christlichen Gemeinden, die Anteil an der Grabeskirche haben, mit Anbauten verschiedener Stile den Bau zu einem formlosen Komplex aufgebläht haben.

Die kleinen »Moscheen« hingegen auf den rheinhessischen Heidentürmen wirken ästhetisch in sich geschlossen. Heute ähneln sie eher dem muslimischen Felsendom nahe der Jerusalemer Grabeskirche, den die Kreuzfahrer vorübergehend wieder zu einer Kirche machten. Manchen mögen die Heidenturmkirchen auch an die Moscheen des berühmten osmanischen Architekten Sinan erinnern, der noch im 16. Jahrhundert von der byzantinischen Tradition geprägt war. Seine Eltern waren kleinasiatische Christen. Mit Mehrfach-Überkupplungen führte er den Kuppelbau zur höchsten Vollendung. »Sarazenenturm« trifft es also eher. Im Worms der Romanik jedenfalls war diese Kirchturm-Bautradition zu Hause. Die Heidentürme sind also etwas Ur-Rheinhessisches.

Den nächsten Heidenturm haben die Wormser an der Pauluskirche. Die Alsheimer Sankt-Bonifatius-Kirche liegt neben dem alten Friedhof. Den schönsten Heidenturm hat Dittelsheim-Heßloch (Foto) zu bieten. Eindrucksvoll ist auch derjenige in Guntersblum: Nur der Nordturm stammt noch aus dem 11. Jahrhundert, der andere wurde 1842 neu errichtet.

Adresse Mühlstraße 23, 67577 Alsheim | Anfahrt B 9 von Worms, Abfahrt Alsheim, zweite Kreiselausfahrt in Mainzer Straße / Bachstraße, durch den Ort bis Oberdorfstraße, rechts einbiegen und folgen, bis links die Kirche zu sehen ist | Tipp In der Heidenturmkirche von Dittelsheim-Heßloch befindet sich eine ausführliche Dokumentation zu allen rheinhessischen Heidenturmkirchen.

3 Der Kelterstein des Uexküll-Hofs

Uralte Technik und baltischer Adel

An den meisten geht man achtlos vorbei. Doch einige sind so groß, dass man neugierig wird. Die Rede ist von den zahlreichen Kelter-, Kutsch- oder Grenzsteinen. Der bekannteste in Worms erweist sich als Kelterstein. Schon 1611 wurde er »Siegfriedstein« genannt: das älteste Wormser Nibelungen-Denkmal. Aufgespießt auf einen Baumstamm, soll er vom Helden aus dem rechtsrheinischen Rosengarten hierhergeschleudert worden sein. Auch viele Kutschsteine stehen noch – zum Schutz der Hauskanten vor vorbeischrammenden Fuhrwerken. Denn die Droschken früherer Tage standen heutigen Rasern nicht nach – so wurde etwa Nobelpreisträger Pierre Curie von einer Droschke überfahren.

Ein fast vier Tonnen schwerer Kelterstein wurde 1925 nach einem Brand auf dem früheren Sitz des deutsch-baltischen Adelsgeschlechts der Uexkülls in Bechtheim entdeckt. Heute beherbergt der Hof das Weingut Eugen Koch, der Kelterstein schmückt den historischen Fischmarkt gegenüber. Direkt dahinter wurde eine alte Viehwaage mit Kabine und einer lebensgroßen Puppe als »Angestelltem« hergerichtet.

Keltersteine dienten noch im 19. Jahrhundert als Gegengewichte für Baumkeltern. So konnte der Kelterbaum über vorgepressten Trauben in mehreren Stufen niedergedrückt werden, bis sämtlicher Saft ausgetreten war. Diese von den Römern eingeführte Technik wurde erst durch die moderne Maschinentechnik überflüssig.

Und wie gelangten die Uexkülls zu einem Hof in Bechtheim? Spätestens im Dreißigjährigen Krieg kamen sie mit dem schwedischen König Gustav II. Adolf nach Deutschland und bekleideten seither hohe höfische Ämter, seit dem 18. Jahrhundert übrigens auch bei den Herzögen von Württemberg. Den Bechtheimer Hof erstanden sie von den Grafen zu Leiningen. Das sehenswerte Gehöft umfasst Garten, Gewölbekeller, Kuhkapelle und ein Kutscherhaus.

Adresse Historischer Fischmarkt, Ecke Hintergasse/Kuhpfortenstraße, 67595 Bechtheim | **Anfahrt** von Osthofen der Wormser Straße folgen, bis es rechts gegenüber der evangelischen Kirche in die Hintergasse geht | **Tipp** In Bechtheim lohnt vor allem ein Blick in die Basilika Sankt Lambertus samt verträumtem Kirchhof oder ein Rundgang zu den historischen Brunnen.

4 Der Kloppberg

Frankfurt und Schwarzwald im Blick

Ein Punkt, von dem sich die Welt, wenn schon nicht aus den Angeln heben, so doch rundum wie aus der Luft betrachten lässt, ist der Kloppberg bei Dittelsheim-Heßloch. Bei klarem Wetter schweift der Blick bis zu den Silhouetten von Odenwald und Taunus und zur Frankfurter Skyline. Hingegossen im herbstlichen Farbenrausch des Rebenmeers lassen sich die Rheinebene, Pfälzerwald, Haardt und die »Spargel« der Windparks gut erkennen. Die Gegend um den erst 1969 zusammengeschlossenen Doppelort bietet sich an für meditatives Wandern und Pilgern und ist nicht umsonst Teil des Nordic-Walking-Parks Rheinhessen wie auch des Jakobspilgerwegs, seit 1993 Weltkulturerbe. Wer sich für Regionalgeschichte interessiert, dem sei der »BohnErzWeg« empfohlen. Auf zehn Kilometern verbindet er den Ort mit Hochborn, Framersheim, Gau-Heppenheim und Monzernheim. Zwischen 1820 und 1870 wurde hier Eisenerz abgebaut. Der Wanderweg führt zu historischen Abbaustellen und einer »Erzwäsche«, Hinweistafeln lassen diese Zeit und die wirtschaftliche Bedeutung für die Gegend lebendig werden.

Getoppt wird der Kloppberg vom Weinkastell am Fuße eines Aussichtsturms. Bei Antipasti und einem Wein von hier wachsen den Gedanken Flügel. Um den Doppelort sind 446 Hektar mit Weinreben bepflanzt; unterschiedliche Höhen und Bodenbeschaffenheiten bieten dem anspruchsvollen Gewächs vielfältige Entfaltungsmöglichkeiten. Bekannt sind die Lagen Kloppberg, Leckerberg, Geiersberg, Pfaffenmütze, Pilgerpfad, Liebfrauenberg und Mondschein.

Der bekannte Hexenprozesskritiker Anton Praetorius war 1592 bis 1596 Pfarrer von Dittelsheim. Von ihm stammt die älteste Beschreibung des Heidelberger Großen Fasses, seiner Meinung nach ein Symbol für die Kraft des reformierten Glaubens. Auch der Bundestagsabgeordnete Jan Metzler (CDU) stammt von hier – aus einer Winzerfamilie, wie sollte es anders sein?

Adresse Am Kloppberg 1, 67596 Dittelsheim-Heßloch, www.stoeckbauers-weinkastell.de | Anfahrt in Dittelsheim auf Bahnhofstraße / Hauptstraße, der Beschilderung Weinkastell folgen, links in Framersheimer Straße, am Ortsausgang links beim Weingut Deheck & Deheck dem Wirtschaftsweg auf den Kloppberg folgen | Tipp Ein Weingut am Ort mit Tradition ist Cisterzienser, das im 12. Jahrhundert vom Kloster Otterberg gegründet wurde, heute in achter Generation von Familie Michel geführt. Infos: www.cisterzienser-weingut.de.

5 Der Weiße Stein

Ein Welten-Nabel als Picknickplatz

Vom Sinn fürs Praktische zeugt die Idee, neben ein Urzeit-Relikt eine bunte Picknickbank zu setzen, vor der aus sich eine herrliche Aussicht ins Rebenhügelland bietet. So geschehen beim Weißen Stein von Dittelsheim-Heßloch. Der zweieinhalb Meter hohe Menhir stammt wahrscheinlich aus der Jungsteinzeit und wurde 1927 bei Rodungsarbeiten auf der Gewann »Am weißen Stein« entdeckt. Er war mit 80 Zentimetern Erdreich bedeckt. 100 Meter von seinem Fundort hat man ihn wieder aufgerichtet. Im Mittelalter war man skeptisch gegen heidnische Kultstätten und vergrub solche Steine häufig wieder, damit sie nicht zu Kultstätten eines misstrauisch beäugten Aberglaubens wurden. Allein im Flurnamen blieb die Erinnerung an sie erhalten.

Da Menhire älter sind als alle sonstigen erhaltenen Kulturdenkmäler, wirken sie bis heute wie Mittler zu magischen Kräften. Auf mehreren Konzilien musste die frühe Kirche verbieten, an den Steinen Opfer darzubringen oder Kulthandlungen zu vollziehen. Auf dem Konzil von Nantes 658 wurde eine Weisung erlassen, solche heidnischen Steine auszugraben. Auch das Verschwindenlassen der Urgesteine wurde hochoffiziell per Konzil empfohlen. Dennoch halten sich bis heute abergläubische Vorstellungen, es bringe Unglück, die Steine von ihrer Stelle zu versetzen. Andererseits soll das Berühren Energie vermitteln. Bis in jüngste Zeit haben Filme, etwa »Outlander«, die Vorstellung aufgegriffen, dass man über den Kontakt mit diesen Steinen Zeitreisen antreten könne. Als Fluch und Segen für die Steine hat es sich erwiesen, wenn sie unbeschriftet waren oder jegliche Bearbeitung verwittert ist. Dienten sie als Grabsteine? Astronomische Markierungen? Opfersteine? Rührend oder geradezu verzweifelt wirkt es hingegen, wenn die Kirche versuchte, diese alten Welten-Nabel mit Kreuzdarstellungen für die christliche Religion in Dienst zu nehmen. Völlig gefahrlos ist dagegen das Ritual, von der Bank aus die schöne Aussicht zu genießen.

Adresse Am Weißen Stein, 67596 Dittelsheim-Heßloch | **Anfahrt** vom Ortsteil Heßloch Richtung Bechtheim, nach 250 Metern dem Wirtschaftsweg rechts folgen, von hier fünf Minuten zu Fuß | **Tipp** Am Eingang zum Friedhof Heßloch steht ein römischer Frauen-sarkophag aus dem 3. Jahrhundert nach Christus – Zeugnis für die Beliebtheit der Gegend bei vornehmen römischen Familien.

6 Der Lange Stein

Grafengrab, Unheilsbringer oder Zeitzeuge?

Rheinhessen hat einige Megalithen zu bieten. Es handelt sich um einzelne große, seit der Eiszeit in Westeuropa zurückgebliebene und oft von Menschenhand aufgerichtete Steine. Der Volksmund fand dafür die Bezeichnungen Menhir oder Hinkelstein. Menhir ist ein keltisch-bretonisches Wort, das schon für sich »Langer Stein« bedeutet. Tatsächlich kommen in der Bretagne, vor allem bei Carnac, ungewöhnlich viele Megalith-Denkmäler vor, das höchste bei Champ-Dolent etwa 9,50 Meter hoch.

Wie alle Menhire zog auch der sehr viel kleinere bei Einselthum mannigfaltige Legenden magisch an. Beispielsweise soll unter ihm ein Graf von Langenstein bestattet worden sein und ihm so seinen Namen geschenkt haben. Schon vor über 5.000 Jahren muss der Stein mit den primitiven Hilfsmitteln der damaligen Zeit aufgerichtet worden sein. Und was der Menhir wirklich während des Dreißigjährigen Kriegs oder des Pfälzischen Erbfolgekriegs zu »sehen« bekam – um all das ranken sich Legenden, die meist erst viel später entstanden. Fest steht: Das Gebiet um den Stein wurde im Jahr 1960 archäologisch untersucht. Man fand in der Nähe eine Grube mit Brandresten, Vorrichtungen für ein Grab und Scherben der jungsteinzeitlichen Rössener Kultur, die auf die Zeit um 4500 vor Christus datiert wird. Menschliche Überreste fehlten jedoch. Man spricht daher von einem Scheingrab. Schon seit dem Jahr 1071 ist jedoch die Flurbezeichnung »Langer Stein« bezeugt, ähnlich wie beim Weißen Stein in Dittelsheim-Heßloch (siehe Ort 5): Dies ist die früheste Erwähnung eines verborgenen Menhirs überhaupt.

Der Stein ist von Weitem nur schwer auszumachen, er ragt nicht weit in die Höhe. Man spürt ihn am besten mit Hilfe der ortsansässigen Landwirte auf. Um direkt zu ihm zu gelangen, müsste man eigentlich ein paar Schritte durch den Rübenacker gehen – was die Landwirte kaum zu schätzen wissen.

Adresse Langer Stein, 67308 Einselthum | Anfahrt von Zell aus vor dem Ortseingang Einselthum rechts den Weinberg hoch (Durchfahrt für Pkw gesperrt), nach dem großen Bauernhof zur Linken rechts abbiegen, nach 300 Metern liegt der Stein auf der rechten Seite | Tipp In Worms-Heppenheim und in Monsheim bei Worms gibt es weitere, bequem erreichbare Menhire.

7 Das Fährhaus

Schippern bis Hamburg und Rotterdam

Leinen los, das Fernweh ruft! Für echtes Schifffahrts-Feeling muss man in Gernsheim nicht die Fähre nehmen. Es reicht ein Besuch im »Alten Fährhaus«, einem Kulturdenkmal aus dem Jahre 1893. Bei Fährmannschnitzel und Bier kann man Reisepläne schmieden. Bei schlechtem Wetter erzählen die nostalgischen Bilder in der Fährstube von der turbulenten Rheinquerung vergangener Zeiten. Der Fährmann blieb mit seiner Familie häufig über Nacht im Fährhaus. Hier lagerte er auch benötigtes Gerät. Eine 48 Kilo schwere Glocke, die sich immer noch läuten lässt, ist noch aus diesen Zeiten geblieben. Das Gebäude stand früher nacheinander im Besitz des Wasserschifffahrtsamts Mainz/Worms, später der Wasser- und Schifffahrtsdirektion Mannheim und heute der Stadt Gernsheim. Die derzeitigen Pächter betreiben auch das Hotel Rheingold, sodass niemand mehr im Fährhaus übernachten muss. Beim jährlichen Gernsheimer Fischerfest spielte das Häuschen jahrelang eine ganz eigene Rolle. Welche, verraten vielleicht die Pächter.

Gernsheim ist für den Schiffsverkehr das, was Worms auf der Straße für das Speditionswesen ist: ein zentraler Logistik- und Umschlagplatz. Beim Spaziergang vom Fährhaus zum Hafengelände staunt man nicht schlecht über Containertürme, Kräne und anlegende Rheinschiffe: Eine Prise Hamburg weht in der Luft. Der kleine, aber technisch voll ausgestattete Hafen bietet direkte Autobahn- und Zuganbindung, sogar eine Zollabfertigung ist möglich. Für die 1993 gegründete Gernsheimer Umschlags- und Terminalbetriebsgesellschaft mbH & Co. KG (GUT) fahren drei eigene Transportschiffe von je 135 Meter Länge und einem Ladevermögen bis 5502 Tonnen. Sie haben den Green Award für Nachhaltigkeit erhalten. Lkw-Fuhrpark und Lagermöglichkeiten erleichtern das Verladen vom Schiff auf die Straße, den Zug oder zur Seeschifffahrt mit den Partnerhäfen Hamburg, Bremerhaven, Antwerpen und Rotterdam.

Adresse Schifferstraße, 64579 Gernsheim | **Anfahrt** von Worms über die Nibelungenbrücke, Erste links vorbei an Hofheim und Biblis auf die B 44 Ausfahrt Gernsheim fahren | **Tipp** Wer Zeit hat, kann beim Geburtshaus von Peter Schöffer vorbeigehen, dessen Sohn in Worms als Erster Luthers Schriften druckte (siehe Ort 49).

8 Die Rheinfähre Helene

Wo der Schinderhannes entwischte

Seit Dezember 2015 fährt man mit der modernen Fähre »Helene« vom Eicher Rheinufer ins hessische Gernsheim. Ab 5.15 Uhr morgens und dann regelmäßig alle halbe Stunde nimmt das 65 Meter lange Schiff bis zu 28 Autos auf, 50 Prozent mehr als das Vorgängerschiff. Im Sommer ist die Fährüberfahrt für viele Biker Bestandteil einer Tagestour von Hessen zum Bikertreff Eich oder in umgekehrter Richtung in den Odenwald. Linksrheinisch lässt sich vor der Abfahrt im Strandcafé »Ziel« ein letzter Kaffee oder ein Glas Bier mit Blick auf den Gernsheimer Hafen (siehe Ort 7) und das Ufer einnehmen. Manche reisen auch mit Golfgepäck aus Hessen zum beliebten Golfclub Worms am Eicher Rheinknie. 3,80 Euro kostet die Überfahrt derzeit mit dem Auto. In einer gefühlten Viertelstunde verfliegt die Fahrt eigentlich viel zu schnell.

Für »Helene« wurden auch die Pfeiler der in den letzten Kriegstagen von der Wehrmacht gesprengten Gernsheimer Rheinbrücke abgetragen. Der Strom birgt ihre Überreste. Neben dem Niersteiner Fährbetrieb, wo nun »Helenes« Vorgängerschiff »Stadt Gernsheim« Dienst tut, ist die Gernsheimer die einzige Rheinquerungsmöglichkeit zwischen Worms und Mainz, denn in Nordheim wurde die Fähre ebenfalls eingestellt sowie eine frühere Brücke zerstört (siehe Ort 18).

Früher war das lebensentscheidend. Einige der Legenden um den Schinderhannes besagen, er sei oft auf der Kerwe des Orts Monsheim bei Worms gesehen worden, wo er doch normalerweise in Eifel und Taunus sein Unwesen trieb. Doch 1801 geriet er im rechtsrheinischen Klein-Rohrheim in der Nähe von Gernsheim mit ein paar Soldaten aneinander, wobei ein Korporal erschossen wurde. Der Raubmörder entkam – wieder einmal – knapp über den Rhein. Zwei Jahre später erwischte man ihn und knüpfte ihn kurzerhand auf. Carl Zuckmayer setzte dem Schinderhannes ein literarisches Denkmal. Doch ein »Robin Hood der kleinen Leute« war er nicht.

Adresse Café Ziel, Gernsheimer Fahrt 1, 67580 Hamm am Rhein | **Anfahrt** B 9 Richtung Mainz, Ausfahrt Eich, durch Eich Richtung Rheinufer oder nach Gernsheim, wie in Ort 7 beschrieben | **Tipp** Auf der Gernsheimer Seite lockt das urige Fährhaus zur Einkehr.

9__Die Kalksteinbrüche »Rosengarten«

Ein Biotop für Trocken-Wracktaucher

Manchmal führt moderne Industrie geradewegs zurück in die Natur. Im Falle des Steinbruchs bei Gundersheim, jahrelang als Schrottplatz genutzt, sogar in die letzte Eiszeit. Bei diesem Bodendenkmal setzten sich vor 25 Millionen Jahren Landschneckenkalke in einem Süßwassersee ab. In Spalten zeigen sich Terra rossa, Löss und Lehm. Im »Rosengarten« wurden die Zähne eines Halbaffen und Knochen von Wollnashorn und Höhlenbär gefunden. Lange holte man sich im Bruch Kalkstein für den Hausbau. Bis 1956 verkieselte und brannte die Firma Südzucker Kalk für die Zuckerraffinade. 1978 übernahm der Bund für Umwelt und Naturschutz Deutschland das elf Hektar große Areal und kümmert sich seither um den Erhalt als Rückzugsbiotop für seltene Pflanzen- und Tierarten.

Eigenartig still ist es im Winter in dieser Senkung des Wonnegauer Plateaus. Auch wenn der Wind über die Hügel fegt, lauscht man hier unten einer friedlichen Ruhe. Sogar Konzerte wurden an diesem beseelten Ort schon veranstaltet. Im Frühjahr fliegen 20 und mehr seltene Falter-Arten umher, und Eidechsen sonnen sich. Kräuter, die man ringsum auf den Feldern vergebens sucht, gedeihen, wie das Quendelblättrige Sandkraut, die Schmalblättrige Wicke, Ohrlöffel-Leimkraut, Küchenschelle oder Kronwicke. Vogelkirschen, Schlehen, Weißdorne und Rosen prägen das Bild. Im Sommer ertönen Grillenkonzerte.

Nach einem eigenen Plan entfernen die Naturschützer regelmäßig wucherndes Buschwerk; ab und an weiden Schafe und Ziegen auf dem Gelände. Entdecker stoßen auf Kuriosa wie eine VW-Käfer-Haube und andere Relikte des früheren sorglosen Umgangs mit Schrott in den 1960er und 1970er Jahren. Jahrelang rollte man seinen Schrottwagen einfach über den Rand des Abgrunds. Wie Schiffswracks sind Metall und Gummi mittlerweile zu neuem Lebensraum für Moose und Insekten geworden.

Adresse Steinbruch am alten Kalkofen, 67598 Gundersheim | Anfahrt A 61, Ausfahrt Gundersheim, von der Hauptstraße in die Bahnhofstraße abbiegen, bis über die Bahngleise folgen, dann links in Am Kalkofen abbiegen und einem der Wirtschaftswege bergauf folgen | Tipp Zur Stärkung lässt es sich im Gundersheimer Restaurant Burgunderturm gut speisen.

10 Die Kostümschneiderin

Allrounderin hinter den Kulissen

Für das Kostümwunder der Festspiele ist nicht nur die jährlich wechselnde Kostümbildnerin verantwortlich. Auch Schneidermeisterin Gerlinde Schidrich, die seit 1980 eine Damenschneiderei in Gundheim betreibt, ist fast von Anfang an dabei. Seit 1996 ist sie eine gefragte Kostümschneiderin der regionalen Mittelalterszene und scheut sich nicht, auch einmal selbst eine Kaiserin oder eine Hildegard von Bingen zu mimen. Einen kaiserlichen Hermelinmantel, ein Schleppenkleid für eine vornehme Dame, einen Nibelungendrachen fertigen? Kein Problem, kreative Herausforderungen liebt sie.

Seit 2017 werden die Festspielkostüme für die 30 bis 40 Darsteller in Worms geschneidert, für manche zwei oder sogar noch mehr Outfits. Die Hauptdarsteller proben möglichst früh im Kostüm, um besser in ihre Rolle hineinzuwachsen. Im April beginnt meist die Arbeit. An den Aufführungstagen ist das Kostüm-Team ab nachmittags im Schneiderzelt am Dom, bessert aus, ersetzt, näht Knöpfe an, reinigt von Bühnenblut oder Schlamm, trocknet und bügelt. Von den mittlerweile elf Schneiderinnen plus Hospitantinnen übernimmt jede die Kostüme für einen, zwei oder drei Darsteller. Gerlinde Schidrich übernahm bereits Jasmin Tabatabai, Alexandra Kamp und viele andere Promis. Sie entwarf und nähte auch das Kostüm für Dennenesch Zoudé, die Kriemhild von 2017. Für Ilja Richter spielte die Schneidermeisterin den Spiegel: »Ich überprüfte jedes Härchen, bevor er die Bühne betrat.« Als sie eingesetzt war fürs Assistieren beim Ankleiden, sauste sie allabendlich hinter die Kulissen und brachte Abgelegtes wieder zurück. Rund 12.000 Schritte zählte ihr Schrittmesser an manchem Abend, das entspricht etwa acht Kilometern.

Wer gern selbst ein Festspielkostüm besitzen möchte, kann nach der Saison einige aus dem Fundus der Festspiel GmbH kaufen – ein Eldorado für wahre Festspiel-Fans!

Adresse Maßatelier Gerlinde Schidrich, Westhofener Straße 35, 67599 Gundheim, Tel. 06244/7939 | **Anfahrt** A 61, Ausfahrt Mörstadt, durch Mörstadt nach Gundheim, Mörstädter Straße bis T-Kreuzung, links in die Abenheimer, Zweite rechts in die Westhofener Straße, das Atelier liegt zurückversetzt rechts | **Öffnungszeiten** nach Vereinbarung | **Tipp** In Gundheim bietet sich ein Besuch der Trulli (Weinberghäuschen) in der Umgebung an. Einen davon baute Gerlindes Bruder, Winzer Hubert Schreiber.

11 Das Leininger Schloss

Von den Bürgern zurückerobert

Mitten im rheinhessischen Guntersblum steht ein Stück europäische Hochadelsgeschichte: das Leininger Schloss von 1775, heute Sitz der Gemeindeverwaltung und eines urigen Veranstaltungskellers, in dem gelegentlich Konzerte stattfinden. Im Schloss im Ortskern von Guntersblum haben heute die Bürger das Sagen, und zwar auf sehr vielfältige Weise. Es ist das Rathaus der Gemeinde, bis 1965 war es außerdem katholisches Pfarrhaus, eine Schule inklusive Lehrerwohnung und auch einmal ein Tanzsaal.1833 musste die Gemeinde Guntersblum den Barockbau für 4.000 Gulden vom badischen Geheimrat, dem Freiherrn von Berlichingen, ersteigern, einem Schwiegersohn des Grafen Wilhelm Carl zu Leiningen-Guntersblum. Seither dient er den Bürgern und ihrer Kultur.

Die Leininger sind in der Region seit dem 12. Jahrhundert bezeugt. Dieses weitverzweigte Adelsgeschlecht besaß weit mehr Burgen, Schlösser und Kirchen als nur die beiden nach ihnen benannten Burgen Alt- und Neuleiningen, beides sehr frühe Familiensitze. Auch über das bis heute als Leiningerland bekannte Gebiet gingen ihre Besitzungen weit hinaus. So wurden die Stiftsruine Höningen und die Hardenburg bei Bad Dürkheim von Leiningern gebaut. Die Adelsfamilie verzeichnete Gebietsgewinne bis weit ins Elsass und nach Lothringen, bis ins Saarland und in den Westerwald hinein. Jahrhundertelang beherrschte die Dynastie das »Game of Thrones« des mitteleuropäischen Hochadels, brachte Kreuzfahrer, Stiftsdamen, Grafen und Bischöfe hervor, bis hin zur Mutter der englischen Queen Victoria. Mehrmals spaltete sich die Familie in Unterzweige, etwa in die Familien Leiningen-Westerburg, Schaumburg, Dagsburg-Hardenburg oder Falkenburg – je nach den Schlössern, auf denen sie residierten. Die meisten dieser Familienzweige gelten mittlerweile als ausgestorben. Letzte Leininger-Nachkommen leben heute noch unweit ihrer angestammten Heimat, im sehenswerten Barockkloster Amorbach im Odenwald.

Adresse Alsheimer Straße 29, 67583 Guntersblum | Anfahrt B 9, Ausfahrt Guntersblum, links in die Wormser Straße, links in die Promenade bis zum Boule-Feld, dort rechts in die Alsheimer Straße | Tipp Unter dem Rathausdach sorgt ein Taubenhotel dafür, dass die Guntersblumer Tauben weniger Eier legen und zugleich artgerecht gefüttert werden.

12 Der Biedensand

Dschungel vor den Stadttoren

Ungebändigte Natur lässt sich nur fünf Kilometer von Worms genießen, auf der Halbinsel Biedensand im Naturschutzgebiet Lampertheimer Altrhein.

Wer den Steg übers stille Wasser des Altrheins quert, lässt Flimmern und Getöse hinter sich und lernt, auf Libellensurren zu lauschen und gelbe Sumpf-Schwertlilien zu bewundern. Im Frühling taumeln benommene Insekten in den ersten hellen Strahlen, die weichen Kissen der Weidenkätzchen bevölkern die winterkahlen Äste. An klaren Hochsommermorgen scharren unsichtbare Tiere ihren Weg durch den Boden, Lerchen steigen in die Luft. Im Herbst webt eine Duftsinfonie aus mürbem Fallobst, sprießenden Pilzen und modrigen Moosen durch die sonnenwarme Luft. Leise rieseln die Blätter in sanftem Fall. Und in strengen Wintern lässt es sich auf Kufen über den zugefrorenen Altrhein gleiten. Nachts gewinnt die Pirsch etwas Abenteuerliches; eine hörenswerte Stille lässt an Dschungelwälder denken. In der Tat sind Flussauenwälder Urwälder. Hochstände laden zur Vogelbeobachtung ein, denn das Gebiet ist ein beliebtes Brut- und Rastrevier für Blaukehlchen, Seeadler, Löffler, Singschwan oder Säbelschnäbler. Schwarzmilane ziehen ihre Bahnen; Wasservögel lieben das versumpfende Welsche Loch. Wer den Geruch vergorener Würze wahrnimmt, entfernt sich besser, denn einem Wildschwein begegnet man lieber nicht. Die Pfade dürfen nicht verlassen, Hunde müssen angeleint werden.

Bis zur Rheinbegradigung und dem Durchstich am Lampertheimer Altrhein in den Jahren 1878/79 war der Biedensand eine Insel. Auf seiner Spitze leben immer noch giftige Kreuzottern. Streuobstwiesen machen vor allem den Kindern viel Freude. Die Fische im Altrhein gedeihen in aller Ruhe. An Stegen und Vereinsheimen der Umgebung sind Wassersportler zu Hause. Auch die Kanutin und Olympionikin Nicole Reinhardt ist hier groß geworden – in einem beneidenswert naturnahen Trainingsgebiet.

Adresse Biedensandstraße, 68623 Lampertheim | **Anfahrt** von Worms nach der Nibelungenbrücke erste Ampel rechts, durch Lampertheim bis zur Kreuzung, rechts Richtung Mannheim, vor dem Ortsende letzte Straße rechts bis zum Altrheinparkplatz | **Tipp** Auf dem Altrheinabschnitt um den Biedensand kann man gut paddeln oder rudern.

13 Die Gräber der Gründerfamilie

Pabst-Bier wurzelt im Rebenland

Mettenheim liegt idyllisch mitten in den Rebenhügeln. Und doch: Die Mettenheimer waren stets vielseitig und Neuem gegenüber aufgeschlossen. So auch die Brauereifamilie Best. Johann Jacob und seine Söhne gründeten ab 1844 in Milwaukee mehrere Brauereien. Sohn Phillip Best fing mit 300 Barrels im Jahr an. Das Geschäft lief so gut, dass sein Schwiegersohn Frederick Pabst 1890 700.000 Barrels und das Unternehmen 90 Jahre später 15 Millionen jährlich produzierte. Damit war die Pabst-Brauerei einer der größten amerikanischen Bierproduzenten. Auf Mitinhaber Pabst geht auch die Idee des »Blue Ribbon«-Labels zurück.

Mit großer Geste wurde 1958 ein 100-jähriges Jubiläum in Mettenheim gefeiert. Zeitzeugen und Nachfahren der Familie Best erzählten noch jahrelang mit glänzenden Augen vom Goldenen Fass und den 11.000 Dosen Pabstbräu, die dafür extra angerollt wurden. Beide waren innerhalb weniger Stunden geleert. Amüsiert berichteten Reporter, eigentlich hätten die Feierlichkeiten »nach amerikanischer Art« am frühen Abend beendet sein sollen. Doch hatten die amerikanischen Pabstler die Rechnung ohne die feierfesten Mettenheimer gemacht. Gefeiert wurde bis in die frühen Morgenstunden. Dass das Bier alle war, war das geringste Problem, gab es doch noch Wein in Hülle und Fülle.

Das spendable Brauhaus in Milwaukee gibt es heute nicht mehr. In den 1990er Jahren wanderte es nach Kalifornien und 2010 in die Hände von Investor Dean Metropoulos. Bis heute steht das »Pabst Blue Ribbon« hoch im Kurs bei Retro-Fans.

Der Mettenheimer Ortskern ist authentisch erhalten, auch wenn das Geburtshaus von Jacob Best abgerissen wurde. Auf dem alten Friedhof träumen noch die schwarzen Grabstein-Obelisken der Familie Best – mit Blick auf die sanften Weinhügel ringsum.

Adresse Kirchgasse 16, 67582 Mettenheim | Anfahrt B 9, Ausfahrt Mettenheim Richtung Friedhof folgen, der alte Friedhof liegt rechts am Ortsausgang Richtung Alsheim | Tipp Mettenheim mit seinen alten Fachwerkhäusern lohnt einen Abstecher. In der Kirchgasse bietet die »Geschenktruhe« Blumen, Geschenkideen und tausend weitere Inspirationen.

14 Der Michelsberg

Weinlage und Spielfeld der Winde

Am Michelsberg bei Mettenheim lernen nicht nur Weingenießerherzen das Fliegen. Sondern auch Modellflugzeuge bis 25 Kilogramm. Die 200 Meter lange Bahn auf dem 6.000 Quadratmeter großen Fluggelände steht für Flugmodelle mit und ohne Motor zur Verfügung. Der Verein der Modellflieger »Wormser Stare« startete vor rund 40 Jahren mit Modellbau-Ausstellungen in Worms. In den 1980er Jahren trug er auf dem Michelsberg die Rheinland-Pfalz-Meisterschaften im Modell-Segelfliegen aus.

Etwa 50 Aktive zeigen beim jährlichen Modellflugtag ihre Modelle und ihr fliegerisches Können. Denn auch Modellfliegen will und muss erst einmal gelernt sein. Es gelten strenge Sicherheitsbestimmungen: Seit Januar 2021 müssen alle Betreiber von Flugobjekten in einer EU-Datenbank registriert sein. Nur am Flugtag dürfen die Flugobjekte bis zu 600 Meter hoch fliegen, sofern sie den Luftraum direkt über den Zuschauern meiden. Unter den Modellen sind auch historische Nachbauten, Hubschrauber, Segelflugzeuge und ihre Schleppflugzeuge. Nicht selten baut ein Modellflieger mehrere Jahre an einem Modell. Umso mehr heißt es aufpassen, dass das gute Teil beim Ausflug nicht beschädigt wird. Und doch gehören die Reparatur danach und die notorische Suche nach abgetriebenen Modellen im Gelände zum Modellfliegeralltag. Das betrifft besonders die kleineren Modelle, Spielbälle für jeden Lufthauch. Im Verein wird der Nachwuchs spielerisch mit Hilfe von Drachen oder selbst gebautem Gerät an die Fernsteuerung gewöhnt. Bei Flugbetrieb ist es für Zuschauer zum eigenen Schutz unabdingbar, im Zuschauerbereich zu bleiben, denn die Modelle sausen mit beachtlichem Speed durch die Lüfte.

Schon lange gilt der Michelsberg als gute Weinlage – 1586 wird sie als »hinder sannt Michels Berg« urkundlich erwähnt. Vom Michelsberg bieten sich Spaziergänge mit schönen Aussichten in die Rheinebene an.

Adresse Modellflugplatz, 67582 Mettenheim | **Anfahrt** auf der Straße von Osthofen nach dem Ortseingang die Zweite links, einem Hohlweg in den Wingert folgen (ausgeschildert) | **Tipp** Warum nicht gleich eine Weinprobe im Ort buchen? Kompetent beraten wird man beim Weingut Sander (In den Weingärten 11).

15_Trullo mit Zitronenkopf

Apulien im Wonnegau

Einige der schönsten Weinberghäuschen des Wonnegaus, die wie ihre Vettern in Apulien Trulli heißen, stehen gar nicht weit von Worms entfernt. Etwa das zitronenförmige Kleinod im Wingert beim Monsheimer Ortsteil Kriegsheim – mit Sicht auf das Pfrimmtal bis Pfeddersheim. Dieser Trullo, als Nummer 8a der Trullo-Wanderroute ausgezeichnet, wurde 2005 wegen seiner Schönheit durch die Weinbruderschaft Rheinhessen prämiert. Die meisten Trulli im Wonnegau sind liebevoll gepflegt und laden mit kleinen Bänken und hübschen Fensteröffnungen zu einem Päuschen ein. Natürlich bieten sie immer auch noch Zuflucht vor Regen, Sonne oder neugierigen Blicken. Wie Perlen reihen sie sich auf der Trullo-Radwanderroute ab Flörsheim-Dalsheim aneinander. Im Juni startet ein jährlicher Wander-Event mit Wein, ausgeschenkt von den angrenzenden Winzern. Wer die rheinhessischen Hiwwel (Hügel) für sich haben möchte, wandert jedoch lieber an einem anderen Tag.

Nicht alle Häuschen sind so hübsch wie das abgebildete. Sehenswert sind auch Trulli bei Westhofen, bei Gundheim und im Zellertal. Mittlerweile glaubt niemand mehr ernsthaft, dass die Architektur der Häuschen auf den Einfluss italienischer Wanderarbeiter zurückgeht, wie lange behauptet wurde. Vielmehr scheinen ähnliche Erfordernisse zu vergleichbaren Lösungen geführt zu haben. Die Weinhügel bieten nur wenig Bauholz. Also baute man die Überdachung mit Hilfe einer archaisch wirkenden, uralten Kuppeltechnik, ohne Holz, Schrauben oder Mörtel.

Wer den gesamten Trulloweg mit seinen 30 Kilometern auf einmal erkunden möchte, nimmt am besten ein geländegängiges Rad. Die Wege sind weder asphaltiert noch geschottert. Wem mehr am Wein liegt, für den macht Schusters Rappen Sinn. Auch Türme, Häuschen, Aussichtsplattformen und immer wieder der gelassene Blick über sanft geschwungene Rebenwogen erfreuen das Auge unterwegs.

Adresse Trullo 8a, 67590 Monsheim-Kriegsheim | **Anfahrt** Mit dem Fahrrad gelangt man von Worms über Pfeddersheim die Pfrimm entlang nach Monsheim, biegt an der Wiesenmühle ab und folgt dem Weg in den Wingert, die Trullo-Wanderung kann man von Monsheim, Kriegsheim oder Flörsheim-Dalsheim starten. | **Tipp** Besonders lebenslustig geht es im kleinen Ortsteil Kriegsheim während der Kerwe im September zu. Die Kriegsheimer legen großen Wert auf ihre Traditionen.

16 Die Wiesenmühle

Bauernidylle und Kulturhof

Von weither ist der Turm der Wiesenmühle am Ortsrand von Monsheim zu sehen. Das Hauptgebäude stammt aus dem 17. Jahrhundert. 1816 wurde das Anwesen vom Mennoniten Johann Mundorf erworben und ging 1899 in den Besitz der Familie Schilling über. Die Mühle ist nicht mehr in Betrieb, doch lädt sie, mittlerweile umgebaut, an bestimmten Tagen zur Weinprobe ein. Aus dem Jahr 1860 stammt das alte Kesselhaus, von dem bis heute ein Kaminrumpf erhalten ist.

Schön ist allein schon der Weg zum Mühlenhof, von der Straße Pfeddersheim–Monsheim rechts ab über eine Allee und eine kleine Brücke über das Flüsschen Pfrimm. Regelmäßig werden Hoffeste mit Live-Musik, Wein und Speisen veranstaltet. Im alten Haferspeicher finden Vernissagen und andere Kleinveranstaltungen statt. Hektik, Stadt und Industrie bleiben vor dem Hoftor. Kinder lieben die Tiere auf dem Hof: Hühner, Gänse, die wollige kleine Schafherde, Esel, Maultier und Pferd – und natürlich Hunde und Katzen. Zum Hofgut gehören 240 Hektar Ackerland mit Rüben, Kartoffeln und Getreide sowie 35 Hektar Wingert.

Seit über 100 Jahren besteht auch der Bauerngarten, der vor allem am Tag der offenen Gärten überquillt vor Grün und Blütenpracht. Wen nun der Gärtnerfinger juckt, der findet im Mühlen-Lädchen alles, was er für das grüne Hobby benötigt: Blühendes, aber auch Wohlschmeckendes wie frische Eier, Kartoffeln, Gemüse aus dem Bauerngarten und zur Saison natursaure Äpfel, Erdbeeren und Spargel. Doch die Wiesenmühle ist auch ein bekanntes Weingut, von der Familie Schilling mittlerweile in sechster und siebter Generation geführt. Auf den Monsheimer Weinlagen reifen sonnenverwöhnte Beeren, deren Wein und Saft man kaufen kann, neben Sekt, Secco, Likör und Weingelee. Dr. Schilling, der seinen Titel übrigens in Phytomedizin erworben hat, führt nebenher auch die renommierte Weinkellerei Leininger Land.

Adresse Wein & Sekt Wiesenmühle Dr. Schilling, 67590 Monsheim, www.schilling-wiesenmuehle.de | **Anfahrt** B 47, Ausfahrt Monsheim, vor dem Ortseingang Monsheim rechts auf die K 37 (»Außerhalb«) Richtung Wiesenmühle | **Öffnungszeiten** Mo–Fr 7–17 Uhr, Sa 8–13 Uhr | **Tipp** Wer durchs gegenüberliegende Hoftor hinausgeht, landet im Ortsteil Kriegsheim, der mit großen Höfen und einem ehemaligen Fabrikgebäude Sehenswertes bietet.

17 Die Burg Stein

Schwer zugängliches Raubritternest

Eigentlich können die Wormser froh sein, dass es ruhig geworden ist um Burg Stein an der rechtsrheinischen Weschnitz-Mündung. Heute verstecken sich die Ruinen 500 Meter vom Rhein im Wald. Von den Römern als Schiffsanlege errichtet, wechselte die Siedlung häufig die Besitzer, wurde nacheinander von Schweden und Spaniern im Dreißigjährigen Krieg besetzt. Immer wieder gelangte sie auch in Bürgerhand. Eine erhaltene Urkunde von 1160 zeugt von einem die Anlage betreffenden Vergleich zwischen einem Wormser Bürger und dem Kloster Lorsch.

Auf dem schattigen Gelände lässt es sich vortrefflich picknicken. Ringsum erzählen bebilderte Infotafeln aus der langen Geschichte der Ruinen. Die Römer verschifften von hier Steinblöcke aus dem Odenwald. Spätere Besitzer waren die Karolinger, das Kloster Lorsch, zu dessen Wohlstand der Rheinhafen in erheblichem Umfang beitrug, sowie die Bischöfe von Worms, oft im Clinch mit ihren fürstlichen Nachbarn. 995 wurde der »Zullestein« durch Kaiser Otto III. zur »Kellerei« – zur Zollstation. Dieses Zollrecht wurde von (Raub-) Rittern des niederen Adels sehr eigenwillig ausgelegt. Der Herr auf Schloss Ibersheim (siehe Ort 97) mit der besseren Sicht über den Rhein soll die Ankunft eines Handelsschiffs per Flagge signalisiert haben, woraufhin das Schiff dann vom Zullestein aus überfallen wurde. Die Plausibilität dieser Überfälle wurde anhand der Abbildungen Merians und ihrer Ungenauigkeiten zwar kritisch diskutiert, doch ist das Ganze durchaus vorstellbar – einen früher anderen Rheinverlauf vorausgesetzt. 1631 brannte die Burg nieder. Der Erbfolgekrieg Ludwigs XIV. Ende des 17. Jahrhunderts tat ein Übriges zu ihrer Verwüstung.

Lange blieb es still um Burg Stein. Erst 1957 stieß man bei Ölbohrungen wieder auf die Fundamente der Anlage und erforschte sie ab 1970. Die Ruine ist ein Kulturdenkmal des Geo-Naturparks Bergstraße-Odenwald.

Adresse Zullestein, 68647 Biblis-Nordheim | Anfahrt nach der Nibelungenbrücke an Hofheim vorbei bis Nordheim, der Hofheimer Straße links in die Wormser Straße folgen, in »Zum Rhein« einbiegen, dem linken Straßenzweig folgen bis zum Fährhausturm, rechts am Ufer entlang eine halbe Stunde bis zur Weschnitz-Mündung gehen; dort liegt die Stätte rechts im Wald. | Tipp In Biblis-Nordheim bietet das Burg-Stein-Museum (Rathausstraße 1, geöffnet So 10–12 Uhr) weitere Informationen. Der örtliche Heimatgeschichtsverein veranstaltet Führungen zur Burgruine.

18 Der Fährhausturm

Wasserfeste Fährleute und wandernde Sandbank

Das Nordheimer Rheinufer liegt gegenüber Rheindürkheim an einer Stelle, die von den Römern zum Queren des Rheins genutzt wurde. In der Zeit, als beide Ufergebiete zum Großherzogtum Hessen gehörten, im Jahre 1901, wurde der neoromanische Fährhausturm an der Stelle errichtet, an der noch eine gepflasterte Fährrampe erhalten ist. Die arg gestutzte, da mittlerweile kranke alte Eiche nahe dem Fährhausturm diente den Schiffern jahrhundertelang zur Orientierung. Die Rheindürkheimer Fährleute mussten ihr Fahrzeug abends am rechten Rheinufer abstellen und schliefen im Obergeschoss des Burgturms. Fritz Fauti, der bis 1966 seine Fähre übersetzte, oder das Ehepaar Muth waren legendäre, vielen Älteren noch bekannte Persönlichkeiten.

Unten im Fährhaus warteten die Gäste. Und in einem heute verschwundenen Nebenbau konnten sie Speis und Trank zu sich nehmen. Zur Weimarer Zeit kamen die Städter per Ausflugsschiff von Worms angeströmt, um am Wasser die Seele baumeln zu lassen. Die im Burgturm untergebrachte Ausstellung zur Rheinfähren-Schifffahrt ist am Tag des offenen Denkmals zugänglich. Heute liegt ein neueres Fährhaus direkt am heutigen Rheinverlauf und ist ebenfalls ein beliebtes Ausflugsziel, auch wenn die Fähre und die alte Notkriegsbrücke heute verschwunden sind. Die Fundamente der Brücke lassen sich jedoch noch aufspüren, wie der lokale Heimatgeschichtsverein gezeigt hat.

Ein weiteres Kuriosum am hiesigen Ufer ist die vorgelagerte bewachsene Sandbank, die bei Wasservögeln und Strandfans gleichermaßen angesagt ist und bei jedem Wasserstand fotogene Blicke auf Rheindürkheim gestattet. Lässt sie sich bei Niedrigwasser problemlos an beiden Enden begehen, so wandert sie bei Hochwasser vier bis fünf Meter stromabwärts. Am Ufer laden von uralten Bäumen gesäumte Auwiesen zum Spazieren ein. Bis zur Burgruine Stein (siehe Ort 17) ist es eine halbe Stunde zu Fuß.

Adresse Zum Rhein, 68647 Biblis-Nordheim | Anfahrt von Worms wie in Ort 17 | Tipp Eine Auwiesenwanderung Richtung Worms führt ins wildromantische Naturschutzgebiet Nordheimer Altrhein.

19_Der Leckzapfen

Liliputaner-Burg am Rheinterrassenweg

Wer seinen Lieben »rheinen Wein« einschenken und das mit gesunder Bewegung und Bildung verbinden möchte, wandert am besten mit ihnen auf dem Rheinterrassenweg von Worms nach Osthofen. Er führt am Leckzapfen am Rande Osthofens vorbei. Was aussieht wie eine Burg für die Puppenstube, wird offiziell »Miniaturburg« genannt. Sie gehört heute zum Weingut Schönauer Hof, über das auch der Zugang führt und in dem regelmäßig Veranstaltungen stattfinden.

Der Schönauer Hof gehörte im Mittelalter dem Kloster Schönau bei Heidelberg. Die Weinlagen um Osthofen sind von mineralstoffreichen Böden und sonnigem Klima geprägt. Schon im Mittelalter sollen sie so gut gewesen sein, dass der Legende nach der Kellermeister noch am Zapfen des Weinfasses geleckt hat, um den letzten Tropfen zu kosten. So oder so ähnlich soll es zum Namen der Weinlage gekommen sein. Das Häuschen, damals unter dem Namen Gustavsburg, wurde 1891 vom Mühlenbesitzer Gustav Friedrich Weißheimer (1831–1904) erbaut, Bruder des rheinhessischen Komponisten Wendelin Weißheimer. Wer schon einmal Schloss Lichtenstein am Fuße der Schwäbischen Alb gesehen hat, das romantisierend nach der gleichnamigen Erzählung von Wilhelm Hauff wiederaufgebaut wurde, mag ein Déjà-vu haben. Das ist kein Zufall: Die schwäbische Märchenburg diente Weißheimer als Vorbild.

2011 wurde die Miniburg zum »schönsten Weinberghäuschen Rheinhessens« gekürt. Heute gibt die Gastgeberfamilie hier Weinproben. Die Aussicht vom Balkon auf weitere Miniburgen in der Umgebung, auf die Rheinebene und das rheinhessische Hügelland ist unvergesslich.

Weiter führt der Rheinterrassenweg bis Mainz. Wer nicht alles zu Fuß meistern will, kann bei jeder Etappe in die Regionalbahn steigen und Deutschlands schönste Weinlagen an sich vorüberziehen lassen. Entlang der insgesamt 75 Kilometer gibt es überall Geschichtsträchtiges zu entdecken.

Adresse Weingut Kratz – Schönauer Hof, Ludwig-Schwamb-Straße 36, 67574 Osthofen, www.weingut-kratz.de | **ÖPNV** Bus 435, Haltestelle Ludwig-Schwamb-Straße, rechts liegt das Gelände des Leckzapfens am Ortsausgang Richtung Bechtheim | **Tipp** Anfang Oktober schenkt das Weingut Kratz auf dem Leckzapfen Federweißen und Zwiebelkuchen aus.

20 Die Miniburgen-Wanderung

Vom Disneyland zur Arbeitswelt von früher

Fünf besondere Weinbergstürme wurden im ausgehenden 19. Jahrhundert von Osthofener Winzern erbaut. So demonstrierte man gutsherrliches Selbstbewusstsein. Vier sind heute noch erhalten. Die Wanderung von Turm zu Turm dauert in gemütlichem Tempo anderthalb Stunden und kann auch bei den örtlichen Gästeführern gebucht werden. Die Führung beinhaltet dann einen Gruß aus Keller und Küche auf einem der »Weintische«. In Sichtweite des Leckzapfens folgt der neugotische Turm des Weinguts Blümel im sogenannten Schnapp, der ältesten Weinlage Osthofens. Mit italienischem Charme thront er über Osthofen. Von hier aus lassen sich der Rhein, die Krone des Wormser Doms und der Wasserturm erkennen, und es finden Weinproben statt. Erwähnenswert ist auch der ebenfalls neugotisch verspielte Weinbergsturm »Rotes Häuschen« im Süden Osthofens. Er wurde ebenfalls um 1900 erbaut und im Jahr 2000 von der Weinbruderschaft Rheinhessen für seine Schönheit prämiert.

Wer nach einer Winzer-Miniburgen-Wanderung auch einmal wissen will, wie Handwerker früher lebten und arbeiteten, besucht das Heimatmuseum im alten Spritzenhaus, das »technische Gedächtnis« Osthofens. Unter den mit Liebe aufbereiteten Objekten, darunter eine voll funktionsfähige Schmiede, fühlt man sich in ein Gemälde der Genremaler des 19. Jahrhunderts versetzt. Die Maler Friedrich von Keller und sein Schüler Carl Wahler etwa hatten ein Faible für die harte Arbeit in den Schmieden und für das Spiel von Licht und Dunkel, das sie in ihren Bildern einfingen. Dreschmaschinen wie die ausgestellte waren noch bis in die 1950er Jahre in Gebrauch. Außerdem sind Werkzeuge der Küfer, Bauern, Winzer, Dreher, Spengler, Schreiner, Bäcker und Metzger zu sehen, sowie Exponate aus der Zeit der Industrialisierung. Diese hielt mit der Eisenbahn im Jahr 1853 Einzug in Osthofen: Film ab für eine anschauliche Zeitreise!

Adresse Spritzenhaus, Friedrich-Ebert-Straße 33, 67574 Osthofen | ÖPNV Bus 435, Haltestelle Ludwig-Schwamb-Straße | Öffnungszeiten jeden ersten Sa im Monat | Tipp Auch das Osthofener Rathaus neben dem alten Spritzenhaus ist seit seiner Renovierung ein Schmuckstück.

21 Der Kräppelweiher

Erholung am Wasser

Ein Geheimtipp für Liebhaber von Wasserlandschaften ist das Landschaftsschutzgebiet Kräppelweiher südlich von Roxheim, neun Kilometer von Worms. Es dient der Erholung – auch wenn oder gerade weil Baden, Wassersport, Zelten und Grillen, ja sogar Picknicken verboten sind. Joggen, Spazieren, Walken und Angeln sind jedoch gestattet. Hier ist man weit entfernt von jeglichem sommerlichen Baderummel.

Das Wasser des malerisch hingegossenen Sees ist maximal vier Meter tief. Seit 1987 gilt der Kräppelweiher als Landschaftsschutzgebiet. Für viele Vogelarten, die Feuchtgebiete lieben, ist er ein beliebtes Brut-, Durchzugs- oder Überwinterungsgebiet. Knapp 100 Vogelarten sind bereits beobachtet worden. 23 Arten davon gehören zu den in Deutschland gefährdeten Brutvögeln. Auf dem Rundweg um den lauschig eingewachsenen Weiher können Graureiher, Teichrohrsänger, Nachtigallen, Wasservögel wie Möwen, aber auch, je nach Glück und Jahreszeit, Libellen, Frösche, Igel, Hasen und Wasserschlangen beobachtet werden.

Wer eine abwechslungsreiche Nordic-Walking- oder Joggingrunde sucht, wird bestimmt glücklich. Der Weiher ist eine Alternative zum Silbersee, der zunehmend von Zäunen abgeriegelt und im Sommer von Badenden stark überlaufen ist. Hunde sind anzuleinen, ihre Hinterlassenschaften zu entfernen, so lauten die Vorschriften. Besonders augenfällig ist der Angelsport vertreten. Viele der Ausbuchtungen rund um den Weiher werden als Angelplätze genutzt, wie Zelte und Stühle verraten. Wer selbst angeln möchte, braucht einen Anglerschein und muss sich an den Fischereiverein Frankenthal wenden. Eine Gastkarte für einen Tag kostet derzeit 20 Euro. Angler greifen wenig in die Ruhe und Beschaulichkeit ein, sodass sich dieses Gewässer vor allem Ruhesuchenden empfiehlt. Die Wege sind geschottert und so gut wie ohne Steigung; für Kinderwagen und Rollstuhl sind sie jedoch zu holprig.

Adresse 67240 Bobenheim-Roxheim | Anfahrt von Worms der alten B 9 an Bobenheim vorbei folgen, zweite Abbiegung links | Tipp Zur Einkehr empfiehlt sich die blumengeschmückte Gartentaverne »Zum Hasenböck« (Industriestraße 94, 67240 Bobenheim-Roxheim) gegenüber dem benachbarten Silbersee.

22 Der Windpark

Eine Kommune produziert ihre eigene Energie

Die schlanken »Spargel« auf dem Kahlenberg südlich von Wachenheim liefern den Strom für die gesamte Verbandsgemeinde Monsheim – für die Anwohner zu günstigen Preisen. So lautet die Vision hinter dem kommunalen Windpark in Wachenheim, der 2013 in Betrieb genommen wurde.

Zu diesem Zweck gründete die Verbandsgemeinde Monsheim mit den Ortsgemeinden Flörsheim-Dalsheim, Hohen-Sülzen, Mölsheim, Mörstadt, Offstein und Wachenheim eigens eine Anstalt des öffentlichen Rechts, die »Energieprojekte Monsheim AöR«. Als das Projekt startete, war es eines von nur dreien in Rheinland-Pfalz, bei denen Kommunen als Betreiber von Energieerzeugungsanlagen auftreten.

Jedes Windrad hat eine Leistung von 3,2 Megawatt. Die AöR betreibt in ihrem Verwaltungsgebäude außerdem ein Blockheizkraftwerk mit 5,5 Kilowatt Leistung sowie mehrere Photovoltaik-Anlagen und ist für die Straßenbeleuchtung und die Breitbandversorgung zuständig. Etwa 25 Millionen Euro hatte man erst einmal investiert. Das ist immer noch weniger, als notwendig gewesen wäre, um Dritte zu beauftragen, erklärte Ralph Bothe, Bürgermeister der Verbandsgemeinde, bei der Eröffnung.

Jährlich kann die Anlage bei optimalen Windverhältnissen 40 Millionen Kilowattstunden liefern. Am Friedhofsparkplatz Wachenheim liegt die Übergabestation, wo der erzeugte Strom in das Mittelspannungsnetz eingespeist wird und somit vorrangig in und um Monsheim herum verbraucht werden kann. So musste keine eigene Leitung zum Umspannwerk in Gundersheim verlegt werden; es genügt die Übertragung über die beiden vorhandenen Trassen. Vor dem Bau der Windräder hatte man sich klugerweise mit den Landwirten auf Ausgleichsmaßnahmen geeinigt und war deren Vorschlägen gefolgt. So vermied man von vornherein Auseinandersetzungen und Akzeptanzprobleme, die es anderswo gegeben hat. In Rheinhessen gehört der Anblick von Windparks zum Landschaftsbild.

Adresse Wormser Straße 5, 67591 Wachenheim | **Anfahrt** von der B 47 aus Monsheim gegenüber der Abzweigung zum Schlossgut Lüll links zum Wasserwerk, über Betriebswege zum Kahlenberg, letztes Stück zu Fuß | **Tipp** Auch die Stadt Worms betreibt einen Windpark, auf der Herrnsheimer Höhe. Doch reicht der Strom natürlich nicht für den Gesamtbedarf der Stadt aus.

23 Das Hoflädchen

Eierlegende Wollmilchsau

Eine Adresse, an der man alles frisch vom Bauernhof bekommt, was man sonst beim Discounter holt – ob Eier, Butter, Käse, Obst, Gemüse oder Fleisch – das ist so realistisch wie das sprichwörtliche Mischnutztier? Weit gefehlt.

Der Hofladen von Dagmar und Siegbert Ochsenschläger kommt dem Wunsch nach einer Allround-Lebensmittelversorgung vom Bauernhof schon sehr nahe. Im Bibliser Ortsteil Wattenheim im Ried zeigt das Ehepaar, wie man solche Träume auf über 40 Hektar wahr macht. Kaninchen, Hunde, Katzen, Geflügel sowie schwarzhaarige Berkshire-Edelschweine bereichern die Tierwelt des Hofs. Für Qualitätsfleisch aus artgerechter Haltung ist gesorgt – und das Futter für die Tiere wächst auf den Feldern ringsum. Die Tiere haben Auslauf, Platz und frische Luft. Vollkornmehl aus Urgetreide wie Einkorn, Emmer, Dinkel oder blaukörniger Weizen erfüllt ausgefallene Ansprüche, angebaut ohne Kunstdünger und Pestizide. Gemüse-Fans freuen sich über 20 Sorten Kartoffeln und Gemüse wie Mangold, Wirsing, Rettich oder Rübchen. Die Tomaten schmecken nach Sonne, nach den Chutneys oder selbst eingelegten Gurken leckt man sich die Finger. Weitere Gemüse- und Obstsorten stammen von Landwirten der Region. Marmeladen, Senf, Essige, Pestos, kaltgepresste Öle und Liköre von kleinen Manufakturen, Wein von rheinhessischen Winzern, das Bier aus der Wormser Brauerei Sanders ergänzen das Angebot. Über eine Vereinsmitgliedschaft kann man sich selbst an der Landwirtschaft beteiligen, Kontingente bestellen und sogar aktiv bei der Ernte mitmachen. Und wer Lust auf Urlaub auf dem Bauernhof mitten in der Heimat hat, für den bietet der Hof liebevoll eingerichtete Apartments.

Auch an alle, die am Wochenende feststellen, dass der Kühlschrank leer ist, wurde gedacht. Rund um die Uhr bietet ein Verkaufsautomat alles Nötige: Eier, Nudeln mit Tomatensoße oder die Zutaten für ein komplettes Frühstück.

Adresse Ochsenschläger Hoflädchen & Landhaus-Apartments, Rheinstraße 15, 68647 Biblis-Wattenheim | **ÖPNV** direkt vor dem Hof fährt der Bus zum Bahnhof Biblis mit einer stündlichen Verbindung nach Worms und Frankfurt | **Öffnungszeiten** Mo, Di, Do, Fr 8–12.30 und 15–18 Uhr, Sa 8–13 Uhr | **Tipp** Hinter dem Friedhof Wattenheim befindet sich ein beliebter Golfplatz.

24 Der Freischärler-Rundweg

Die bittersüßen Früchte der Revolution

Nur widerwillig gehorchten die Westhofener der Obrigkeit. Schon im Bauernkrieg fand hier eine blutige Schlacht statt, bei der 60 mit Sensen bewaffnete Bauern an der Fleckenmauer unter dem Beschuss der Fürstenknechte starben. Später brachten die revolutionären Franzosen die Saat von Freiheit und Gleichheit, die in Rheinhessen gut keimte. 1847 setzten sich Veteranen der Napoleonischen Kriege einen Gedenkstein, 1848 kam man den aufständischen Pfälzer Nachbarn zu Hilfe.

Der Marktplatz mit seinem »französischen« Flair ist als Gesamtheit denkmalgeschützt. Schon 1833 pflanzte man einen Freiheitsbaum, den der Großherzog jedoch alsbald »vertilgen« ließ. Dabei gewährten die Großherzöge von Hessen-Darmstadt, Landesherren seit 1816, auch einige Bürgerrechte. So gründete Westhofen eine Bürgerwehr, deren Fahne heute im Heimatmuseum (Wormser Straße 3) zu sehen ist. Auf dem Freischärler-Rundweg, der am nördlichen Rand des Marktplatzes beginnt, lässt sich dem aufmüpfigen Westhofen gut nachspüren.

1849 legte die Frankfurter Nationalversammlung einen deutschen Verfassungsentwurf vor, den der preußische König bekanntlich ablehnte. Es kam zum offenen Aufruhr und seiner Niederschlagung. Im Verlauf der Auseinandersetzungen kam die Westhofener Bürgerwehr den Wormser Nachbarn zu Hilfe. Aus den Feldern bei Mettenheim beschoss man die überlegenen preußischen Soldaten. Als die Preußen zurückschossen, floh man in bester Partisanenmanier ins Gelände. 1850 folgte die Restauration mit einem großen Hochverratsprozess. Die Geschworenen sympathisierten jedoch mit den Revoluzzern. Viele der Gesuchten waren geflohen, in die USA ausgewandert oder gut versteckt, der Rest wurde freigesprochen und kehrte unter großem Jubel nach Westhofen zurück. Und die Schüsse aus den Mettenheimer Feldern? Das sei eine fehlgeleitete Entenjagd gewesen, behaupteten die Zeugen – und kamen damit durch.

Adresse Marktplatz, 67593 Westhofen | **ÖPNV** Bus 434, Haltestelle Verbandsgemeinde | **Tipp** Auf dem Marktplatz ist auch eines der seltenen Denkmäler zu bewundern, die sich überlebende Veteranen der Napoleonischen Kriege errichten ließen.

25 Die Kellergasse

Unterwelt zum Gruseln

Westhofen war bereits zu merowingischer Zeit Sitz von Adelshöfen. 1324 wurde dem Ort das Marktrecht verliehen. Die Franzosen richteten hier eine »Mairie« ein. 1816, nach dem Wiener Kongress, wurde Westhofen dem Großherzogtum Hessen-Darmstadt zugeschlagen. 1835 bis 1969 gehörte der Ort zum Kreis Worms und seither zur Verbandsgemeinde Osthofen. Manches geschieht hier früher als anderswo. Früher im Jahr als all die Weinkerben, nämlich im Juni, feiert Westhofen sein Traubenblütenfest, bei dem es vier Tage hoch hergeht. Und noch viel früher im Jahr, am Dreikönigstag, wird der Dreschmeister am Flegel ermittelt – und gewinnt einen Hahn. Zumindest noch, solange es Freiwillige für dieses Spektakel gibt.

Der Ort wurde 2000 als »schönstes Weindorf im Kreis Alzey-Worms« ausgezeichnet. Die Höfe, groß wie Palazzi, sind zum »Festival der Künste« Schauplätze von Kunstausstellungen und Performances. Weitere Geschichten sind in den zwölf Gewölbekellern unter den riesigen barocken Hofgebäuden verborgen, die vom Kellerweg südlich des Marktplatzes aus zugänglich sind. Zum Traubenblütenfest Anfang Juni erwachen sie zum Leben. Wie auch in Oppenheim bieten die miteinander durch Gänge verbundenen Gewölbe eine uriggruselige Atmosphäre und Raum für alles, was gern im Verborgenen bleibt. Bereits um 1600 wurde dieses bis weit unter den Marktplatz reichende Kellerlabyrinth erwähnt.

Gruselig wurde es auch Anfang der 1980er Jahre, als bei Renovierungsarbeiten unter der katholischen Kirche auf dem Marktplatz ein Beinhaus freigelegt wurde: Tausende Schädel und Knochen von vermutlich etwa 3.000 Leichen wurden zutage gefördert. Sie stammen aus dem 16. Jahrhundert oder sind noch älter und blieben jahrhundertelang unentdeckt. Bis 1581 befand sich hier der Friedhof. Heute haben sie ihre Totenruhe zurück, denn die Stätte ist nicht öffentlich zugänglich. Gruseln darf man sich natürlich trotzdem.

Adresse Kellergasse, 67593 Westhofen | **ÖPNV** Bus 434, Haltestelle Verbandsgemeinde | **Tipp** Keinerlei Gruseln kommt in der Kellergasse zum Traubenblütenfest im Juni auf, wenn das Leben tobt und der Wein in Strömen fließt.

26 Der Mühlenweg am Seebach

Technikwunder oder Teufelswerk?

Entlang des Seebachs, dessen Quelle mitten in Westhofen als Teich mit Kneipp-Anlage angelegt ist, stehen bis nach Osthofen eine Reihe alter Mühlen: manche komplett restauriert, manche verlassen, manche halb zugewachsen. Den Forellen und Enten geht es am Quellteich offensichtlich gut. Die neun Mühlen erkundet man am besten auf dem Radweg nach Osthofen parallel zur Landstraße. Die abgebildete Mühle wurde 1638 erstmals erwähnt und war auf das Schleifen von Geräten spezialisiert. 1661 wurde sie zur Ölmühle, heute ist sie von Höfen umgeben. Ein paar Schritte weiter über den Bach befindet sich die Neumühle auf Privatbesitz und ist nur bei geöffnetem Hoftor sichtbar. Hier mündet eine Schwefelquelle in den Bach. Die Neumühle gehörte früher zum Liebfrauenstift Mainz. Sie wurde nicht nur von Wasser, sondern auch von einem »Ross« – mit einer Pferdestärke – angetrieben.

Der Seebach ist an seiner Quelle ganzjährig zehn Grad kalt. Er sprudelt mit 90 Litern pro Sekunde stärker als alle anderen Quellen Rheinhessens und konnte deshalb so viele Mühlen antreiben. Im Hochmittelalter erfuhr die Wirtschaft durch die Mühlentechnik mit Zahnrädern einen Schub. Auch wenn die Technik den Römern bekannt und in Vergessenheit geraten war: Müller wurden oft reich, denn sie mahlten für alle Höfe der Umgebung. Grimms Märchen Rumpelstilzchen handelt von einem großspurigen Müller. Viele wirkten unheimlich, arbeiteten sie doch nachts und erschienen gespenstisch in Staub gehüllt. In Otfried Preußlers Roman »Krabat« steht der Müller im Bund mit dem Teufel – ein beliebtes Vorurteil.

Am murmelnden Seebach fließt die Zeit dahin. Die Zahnradtechnik kam auch einer anderen Entwicklung zugute: dem Uhrwerk. Bis man ein solches klein genug entwickelt hatte, um es mit sich zu tragen, dauerte es noch bis 1500. Und ist die exakte technische Zeitmessung heute nicht auch manchmal Teufelswerk?

Adresse Mühlenweg, 67593 Westhofen | Anfahrt Per Fahrrad gelangt man von Mühle zu Mühle parallel zur Straße von Osthofen nach Westhofen. | Tipp Die Seebachquelle selbst ist ebenfalls sehenswert.

27_Die Ruine der Liebfrauenkirche

Sachte Rückeroberung durch die Natur

Außerordentlich romantisch liegt die gotische Ruine der Liebfrauenkirche, von der nur noch die Wände stehen. Durch die leeren Spitzbögen der Fensteröffnungen wuchert frisches Grün, Äste lugen durch die ehemaligen Fenster hinein.

Eine Ruine war die Kirche schon Ende des 18. Jahrhunderts. 300 Jahre zuvor war sie als Pfründe von der Kurpfalz vergeben worden. 60 Bauern, die an der historischen Fleckenmauer gegenüber für ihr Recht einstanden, wurden im Bauernkrieg hingemetzelt. Eine Inschrift erinnert daran. Erstaunlicherweise ließ der Dreißigjährige Krieg die Kirche unzerstört – im Gegensatz zum Ort. Und so nutzte man sie für Gottesdienste und Begräbnisse, solange man Westhofen neu aufbaute. Denn der alte Friedhof am Marktplatz (siehe Ort 25) war Ende des 16. Jahrhunderts stillgelegt worden. Man bestattete die Toten auf dem Feld um die Kirche, wo Funde bereits auf vorchristliche Gräber deuten. Anders als andere Kirchen ist sie nicht nach Osten hin ausgerichtet, sondern nach Südosten. 1863 zog der Friedhof des Ortes weiter an die Gänseweid.

Nach Ausgrabungen im Jahr 1968 stellte sich heraus, dass das Bodenniveau in der Kirche bis zum 18. Jahrhundert um einen Meter niedriger gewesen war als heute. In dieser Kirchenkulisse zwischen den wiederrichteten Wänden nach Fotomotiven zu suchen, gleicht einer Fahrstuhlfahrt in die Historie. In 1,30 Meter Tiefe wurden die Fundamente eines weiteren, nicht realisierten Chor-Anbaus gefunden. Vermutlich wurde die Kirche niemals fertig. In den 1970er Jahren plante man, die Ruine wiederaufzubauen, kam zum Glück aber wieder davon ab. Denn wie im Falle des Heidelberger Schlosses ist gerade der Ruinenzustand der Kirche einzigartig und stimmungsvoll. Besonders die Sommerkonzerte des jährlichen »Westhofener Festivals im Park der Sinne« kommen nicht ohne sie aus.

Adresse Seegasse, 67593 Westhofen | **ÖPNV** Bus 434, Haltestelle Verbandsgemeinde, die Ruine liegt links fast am Ende der Seegasse | **Tipp** Der umgebende Park bietet weitere Kunstwerke und Inschriften und ist ein beliebter Treffpunkt.

28 Die Weingüter

Fein wie Wein, Kultur und Kulinarik

Wer einige der besten Weinlagen Rheinhessens in mediterraner Atmosphäre genießen, fürstlich dinieren und Kunst und Kultur im kleinen, feinen Rahmen erleben möchte, dem bietet Westhofen mehrere Locations, die gerade die Schwelle vom Geheimtipp zur renommierten Adresse hinter sich lassen.

Kaum irgendwo genießt man so viel Toskana-Feeling wie auf einem Open-Air-Konzert im »Gut Leben am Morstein«. Die Villa am Ortsausgang mit ihrer prächtigen Innenausstattung in einem romantischen Garten ist ein Traum, den sich die Inhaber mit viel Liebe erfüllt haben. Bei schlechtem Wetter und im Winter finden Konzerte in einem riesigen Doppelgewölbe statt, in dem früher der Wein lagerte. In der Pause lustwandelt man mit dem Weinglas in der Hand durch die zauberhaft illuminierten Gärten an dieser renommiertesten Westhofener Einzellage.

Eine Kunstgalerie mit Ausstellungen und Vernissagen in unverwechselbarem Ambiente, Weinproben mit Kulinarik und eine hübsche Ferienwohnung bietet die Kaiserbadmühle, erstmals erwähnt im 13. Jahrhundert. Eine Branntweinbrennerei war in früheren Zeiten die Dreihornmühle. 1698 gelangte sie in den Besitz der Kurpfalz, die ihre Einkünfte verwendete, um die Heidelberger Professoren unter ihrer Hoheit zu bezahlen: Geistreiches für Bildung sozusagen. Bis in die 1920er Jahre wurde dann wieder Mehl gemahlen. 1928 erwarb Johann Orb V. das Anwesen, der Urgroßvater des heutigen Inhabers. Die Orbs spielten in Westhofen eine bedeutende Rolle und stellten im Lauf der Jahrhunderte mehrere Bürgermeister. Der Hof Nummer drei an der Wormser Straße, der heute das Heimatmuseum beherbergt, ist ebenfalls ein Orb-Hof. Der beschilderte Freischärler-Rundweg lässt sowohl die Westhofener Geschichte als auch das Engagement der Orbs im großherzoglichen Landtag Darmstadt während der Revolution 1848/49 wieder aufleben (siehe Ort 24).

Adresse Gut Leben am Morstein, Mainzer Straße 8–10, 67593 Westhofen, Tel. 6244/9198660, www.am-morstein.de | Anfahrt am Ortsende Richtung Bechtheim | Öffnungszeiten Mi–Sa 17.30–23 Uhr, So 11–15 und 17.30–23 Uhr | Tipp Wer sich für Winzerkultur interessiert, folgt dem »Westhofener Wingertsheisjer Wanderweg«. Unter anderem gibt es orientalische und chinesische Häuschen zu entdecken.

29 Agathe Sanders Kaiserporträts

Allgegenwärtig, doch oft übersehen

Ihre Mosaiken, Wandgemälde und Plastiken prägen das Bild des Nachkriegs-Worms. So schauen die Kaiser Karl der Große, Maximilian I. und Karl V. von den Resten der Stadtmauer im Heylshofpark. Auch der Dom in verschiedenen Phasen, Bischofspalast, Luther und Bischof Burchard sind als Mosaiken verewigt. Karl der Große heiratete in Worms. Maximilian hielt ein Turnier ab und ließ der Stadt seine Ehefrau als »Pfand« zurück, da er tief verschuldet war. Und Karl V. hielt 1521 den berühmten Luther-Reichstag ab.

Worms war die zweite Heimat der Künstlerin Agathe Sander. Sie gestaltete auch den Martin über dem Nordportal der Martinskirche, die Kinder am Liobahaus und vieles mehr. Wer beim Theaterbesuch seine Zigarette auf der Terrasse raucht, drückt sie vielleicht in einem von ihr gestalteten, schwarz-weiß gewürfelten Aschenbecher aus.

Agathe Sander, 1916 in Schlesien geboren, studierte bei Georg Muche an der Kunstakademie in Breslau, später in Krefeld, Berlin und Dresden. Muches Werk galt später teilweise als »entartet«. Mit 22 Jahren unterhielt Sander ein eigenes Atelier in Breslau. 1951 kam sie nach Worms und wurde Mitglied der »Wormser Künstlergruppe«. Ihr Werk spiegelt die Einflüsse eines Jahrhunderts der Malerei wider: Cézanne, van Gogh, Bauhaus, Macke, Klee. Sie porträtierte Bürgermeister Heinrich Völker. Ein »Renner« waren ihre Landschafts- und Stadtbilder. Heute hängt »eine Sander« in vielen Wormser Wohnungen. 1998 ist sie verstorben. Wie stark die Verbundenheit zu der Künstlerin noch ist, zeigte sich 2016 bei einer Ausstellung zu ihrem 100. Geburtstag. Besucher brachten Sander-Werke mit und erinnerten sich an sie als Lehrerin an der Volkshochschule oder am Eleonoren-Gymnasium. Sander war nie für ein Markenzeichen bekannt. Sie leitete auch ihre Schüler dazu an, ihre Talente frei zu entfalten. Eine Künstlerin, die sich selbst zurücknahm.

Adresse Heylshofpark, Stephansgasse 9, 67547 Worms | ÖPNV Bus 401, 402, 430, 434, Haltestelle Marktplatz, die Porträts befinden sich rechts hinten an der alten Stadtmauer | Tipp Die als »Pfand« zurückgelassene Kaiserin ist Gegenstand mehrerer Wormser Legenden. Ihr soll der Gesang in der Wormser Synagoge sehr zugesagt haben.

30 Die ALISA-Welt

Aus Trauer für das Glück anderer

Am Anfang stand die Katastrophe. Alexandra Lang war 30 Jahre alt und eine vielversprechende Künstlerin. Dann wurde sie Opfer eines medizinischen Kunstfehlers und starb im Krankenhaus an einer Sepsis. Ihre Mutter, Ilse Lang, geschäftsführende Gesellschafterin der »IBW Industriebeteiligungen Worms« und Mutter zweier weiterer Kinder, konnte das nicht verwinden. 15 Jahre lang versuchte sie, auch mit rechtlichen Schritten, nachzuvollziehen, was schiefgelaufen war, stieß auf Schweigen und mangelnde Bereitschaft, Fehler einzugestehen.

Sie wurde aktiv. Doch nicht über ein neues Hobby, eine Weltreise oder gar als Rächerin. Ilse Lang wurde zu Worms' vielseitigster Wohltäterin: für Angehörige anderer Opfer von Kunstfehlern, aber auch für Kinder und deren Freizeit- und Bildungsbedürfnisse. Für künstlerisch besonders Begabte ist die Alexandra-Lang-Stiftung mit einem speziellen Preis da. Auch im Kulturbereich unterstützt Frau Lang etwa die Nibelungenfestspiele und die Renovierung des Museums Andreasstift. Dabei interessiert sie sich auch für dessen Baubesonderheiten und wurde nun mit einer Stifterplakette am Museum geehrt. Auch mit über 80 Jahren fördert sie den Schüleraustausch, spricht mit Kindern und Eltern, Politikern und Journalisten, mischt sich ein. Langwierige Diskussionen sind ihr Ding nicht. Scheinbar mühelos gewinnt sie Persönlichkeiten aus Politik, Wirtschaft und Bildung für Projekte. Die Wormser Ethikinitiative fördert sie mit dem ALISA-Preis für Zivilcourage und soziales Engagement. Sie selbst wurde mehrfach ausgezeichnet, auch mit dem Bundesverdienstkreuz.

Herzstück der ALISA-Welt ist das ALISA-Zentrum, ein »Ort der Freude, der Begegnung, des Gesprächs, der Bewegung, der Kunst, des Lernens: von Menschen für Menschen«. Davor steht ein öffentlicher Bücherschrank. Denn mit dem Wissen ist es wie mit dem Glück und der Freude: Es lebt erst richtig, wenn es weitergegeben wird.

Adresse ALISA-Stiftung, Mainzer Straße 76, 67549 Worms | **ÖPNV** Bus 406, 431, 432, Haltestelle Bensheimer Straße | **Öffnungszeiten** Mo–Fr 9–15 Uhr, Sa 10–14 Uhr | **Tipp** Im ALISA-Zentrum finden fast immer besondere Betreuungs-, Spiel- und Sportangebote statt, auch in den Schulferien.

31 Alla Wormatia!

Talentschmiede mit launischem Glück

Fans des Vereins für Rasenspiele Wormatia 08 Worms haben viele Talente wachsen sehen, aber auch viel Leid erfahren. Noch bis 1963 spielten die Wormaten in der obersten Spielklasse, in den 1970er Jahren in der Zweiten Bundesliga, seit 2019 in der Oberliga Rheinland-Pfalz / Saar. 16 Meistertitel schmücken den Verein, zwischen 1936 und 1955 erreichte er fünfmal die Endrunde um die Deutsche Meisterschaft.

Legendär waren in den 1930er Jahren Josef »Seppl« Fath von der Fischerweiden-Elf und »sein« Sieg gegen Spanien mit dem legendären Barça-Keeper Zamora. Fath war ein Wormser Bub, von Beruf Straßenkehrer. Er war schnell, 1,60 Meter groß und für seine Torschüsse aus dem spitzen Winkel gefürchtet. 1940, mit 29 Jahren, hörte er auf und wurde Lotto-Toto-Bezirksvertreter in Worms. Immer wieder musste er den Kunden von seinen sieben Toren für die Nationalelf erzählen. 1936 schoss er beide Tore zum 2:1-Sieg in Barcelona: »Isch hab die Pill aus de Luft genomme und obbe in de Dreiangel geschosse. De Zamora hat die Pill gar net geseh.«

Den 1952 in Worms geborenen Rudi Kargus nannte man »Elfmetertöter« – von 70 Elfmetern hielt er 24. Von der Wormatia ging er zum HSV und wurde dort zweimal »Torhüter des Jahres«. Jungwormate Bobby Dekeyser, dessen Familie in der Mainzer Straße die Kunststofffabrik Hummer betrieb, spielte in der B-Jugend und wurde 1986 Reserve-Torwart des FC Bayern München. 1989 wechselte er zu 1860 München. Nach 16 Spielen wurde er so schwer verletzt – er verlor fast ein Auge –, dass er den Fußball aufgab und sich wieder dem Kunststoff zuwandte, mit der Outdoor-Möbelfirma Dedon. Mittlerweile haben sich auch die Wormatia-Frauen für den DFB-Pokal qualifiziert.

Nach den Anfängen auf der »Aul«, einem Acker bei den Lederwerken, baute man 1928 für die Wormatia auf der ehemaligen Radrennbahn ein Stadion. 1994 wurde es offiziell »Wormatia-Stadion« getauft.

Adresse VfR Wormatia 08 Worms e.V., Alzeyer Straße 131, 67549 Worms | ÖPNV Bus 401, Haltestelle Stadion | Tipp Neben dem Wormatia-Stadion befindet sich das städtische Heinrich-Völker-Bad mit mehreren Schwimmerbecken, Wasserpilz, Strömungskanal, Breitrutsche und Springerbecken.

32 Die alte Jahnturnhalle

Wie sich Worms Richtung Olympia boxte

Heute sieht man es der alten Jahnturnhalle, mittlerweile durch einen Neubau auf der Jahnwiese ersetzt, nicht an, dass hier einst Olympiawettkämpfe mit Fernsehübertragung stattfanden – für den Boxsport.

Dazu mussten die Fernsehtechniker der 1970er und 1980er Jahre erst ein Loch in den Dachboden bohren, um ihre Kabelkanäle durchzuführen und eine optimale Ausleuchtung zu gewährleisten. Boxring und Zuschauerbestuhlung mussten nachts immer wieder aufgebaut werden, denn die Turnhalle wurde im selben Zeitraum auch für andere Veranstaltungen genutzt. An mehreren Tagen wurden olympiareife Boxkämpfe vor ausverkauftem Haus ausgetragen und für das Fernsehen aufgenommen. Eine Ehre bedeutete es für die Wormser, dass Sportkommentator Wolf-Dieter Poschmann, später Leiter der ZDF-Sportredaktion, aus dem Boxring berichtete. Wurde die Jahnturnhalle für das Publikum zu klein, wich man auf die Altrheinhalle in Eich aus.

Die Wormser hatten sich in die oberste Liga geboxt. Aus Worms stammten die Olympiateilnehmer Wolfgang Gruber (1976) sowie Helmut und Stefan Gertel (beide 1984). 1979 wurde die Staffel der »Turngemeinde 1846 Worms« deutscher Vizemeister. Auch Begegnungen mit Teams aus Paris und Ghana fanden in Worms statt.

Dass die Box-Abteilung der Turngemeinde, des mitgliederstärksten Wormser Vereins, olympiareif wurde, verdankte sie Trainer Helmut Ranze, als »Box-Papst« bekannt und Träger des Bundesverdienstkreuzes. Der Westfale war über die Bundeswehr nach Worms gekommen. 1991 wurde er Cheftrainer des Deutschen Boxsport-Verbandes. Bei den Olympischen Spielen 1992 in Barcelona errang die deutsche Mannschaft unter ihm zwei Goldmedaillen, bei der Weltmeisterschaft 1995 sogar zehn Medaillen. 2016 war er Supervisor für die Olympischen Sommerspiele in Brasilien. Der Stadt Worms ist er als Wohnort bei aller Umtriebigkeit treu geblieben.

Adresse Ludwigstraße 50, 67547 Worms | **ÖPNV** Bus 409, Haltestelle Mathildenplatz | **Tipp** Bei aller Nostalgie bietet die neue Sporthalle der Turngemeinde 1846 Worms auf der Jahnwiese doch mehr Komfort und Platz als ihre Vorgängerin.

33 Das Andreasviertel

Tourismus-Magnet 4.0

2019 rief die Stadt das Tourismuskonzept Worms 4.0 aus. Demnach soll unter anderem der verträumte Weckerlingplatz als touristischer Schwerpunkt zwischen Dom und Heiligem Sand aufgewertet werden. Der Verkauf des Valckenberg-Areals an den Großinvestor Tim Brauer gab den Startschuss für die umfassende Neugestaltung des Viertels. Bis 2015 war Wilhelm Steifensand Geschäftsführer von Peter Joseph Valckenberg, dem ältesten deutschen Weinhandelshaus in Familienbesitz (seit 1786). Gemeinsam mit Restaurator Jürgen Hamm erarbeitete er einen Bebauungsplan für das Andreasviertel rund um den Weckerlingplatz, einst Stammsitz der Valckenberg-Weinhandlung. Ein Viertel des Gesamtareals wird neu bebaut, der überwiegende Teil nach Denkmalschutzauflagen saniert. Im Juli 2021 öffneten sich die Tore des sanierten städtischen Museums Andreasstift für die Landesausstellung zum 500. Jahrestag der lutherschen Widerrufsverweigerung.

Als sogenannte »Elefantenhöfe« beherbergen Weinhaus und Hof die »Einraum-Bar«, Geschäfte und Ateliers. Die Gewölbe des größten rheinhessischen Kellersystems unter dem Platz, früher als »Elefantenkeller« zur Weinlagerung genutzt, werden nun zugänglich für Weinproben und Veranstaltungen.

Schon lange verleihen Weckerlingplatz und Andreas-Kreuzgang dem Festival »Worms: Jazz and Joy« ihr unverwechselbares Flair. Heute darf auch das Theater im Museumshof wieder an seinem Ursprungsort, dem durch zwei neue Kreuzgangsflügel verkleinerten Hof des städtischen Museums, auftreten. Es lohnt sich, durch die Gassen des Andreasviertels zu spazieren, etwa durch die abgebildete Gasse »Luginsland«. Kurios ist die denkmalgeschützte »Brücke« zur Abfüllstation am Glaskopf oder der derzeit geschlossene Stiftskeller der Wormser Winzer in der Stelzengasse. In Zukunft müssen auch die oberen Stockwerke des Museums Andreasstift weiter saniert werden.

Adresse Luginsland, 67547 Worms | ÖPNV Bus 401, Haltestelle Andreasstraße | Tipp Früher hieß das heutige Haupthaus wegen einer Abbildung am Eingang »Zum Elephant«. Heute führt das Weingut am Dom die Tradition des früheren Valckenberg-Weinladens fort.

34 Die Aramäerkirche

Wo man spricht wie Jesus

Die syrisch-orthodoxe Kirche mit ihrem orientalischen Glockenturm verbirgt sich seit 2005 auf einem ehemaligen Industriegelände im Nibelungenviertel. »Mor Philoxinos von Mabug« heißt die aramäische Gemeinde mit 120 Familien, die zur Erzdiözese der Syrisch-Orthodoxen Kirche von Antiochien in Deutschland mit Sitz im westfälischen Kloster Warburg gehört. In Deutschland gibt es geschätzt 140.000 aramäische Christen.

Glasfenster tauchen das Innere der Kirche in buntes Licht. In den Gottesdiensten sitzen Frauen, das Haupt mit einem Spitzentuch bedeckt, und Männer auf verschiedenen Seiten. Ein Chor aus Laien unterstützt den Priester im Wechselgesang, wie in orientalischen Kirchen üblich. Zu Feiern wie Hago im Februar reisen Aramäer aus ganz Rheinland-Pfalz an. An Pfingsten kann man einen ökumenischen Gottesdienst erleben.

Wer sind diese Christen, die in der Sprache Jesu sprechen? Schon in den 1960er Jahren kamen die ersten als Gastarbeiter aus dem südosttürkischen Tur Abdin (»Burg der Gottesdiener«, ein Gebiet mit vielen Klöstern). Die Christen dort behaupteten sich gegen Byzanz im Streit über ihre vom Griechisch-Orthodoxen abweichende theologische Überzeugung von der Natur Christi und ihre Liturgiesprache des antiken Syrien. Die frühen umayyadischen Kalifen ließen ihnen kultische Autonomie. Der jungtürkische Nationalismus Anfang des 20. Jahrhunderts und der Genozid 1915, dem auch eine halbe Million Aramäer zum Opfer fielen, läuteten den Exodus der Christen ein. Seit 2003 kamen Glaubensverwandte aus dem Irak hinzu. Von Worms aus werden etwa 600 Aramäer in Rheinland-Pfalz betreut.

Die Aramäer beteiligen sich am städtischen Dialog der Religionen und sind im »Zentralrat Orientalischer Christen« aktiv. Sie erhielten 2017 von der Evangelischen Kirche in Deutschland (EKD) die Luthermedaille für das unerschrockene Wort. Erfolgreich ist auch das Fußballteam der Gemeinde, »Suryoye«.

Adresse Kaiser-Heinrich-Platz 5a, 67547 Worms | ÖPNV Bus 410, Haltestelle Mathildenplatz | Tipp Wer mit dem Bus am Mathildenplatz ankommt, mag den verschwiegenen Charme dieses kleinen Platzes mit Spielgerät und einem wahrhaft globalen Wegweiser zu schätzen wissen.

35 Die Bernwardstür

Ottonisches Tor zum Paradies

Weit über tausend Jahre alt ist das romanische Pauluskloster, 1002 von Bischof Burchard auf den Ruinen einer Salierburg errichtet. Damals verdrängte der Bischof die Weltlichen. 1797 war es umgekehrt: Französische Truppen sorgten für die Säkularisierung des Klosters. Das Gotteshaus, Hüter der Reliquien von drei Märtyrern, wurde zum Warenlager, später zum Museum der Stadt. Dank der guten Verbindungen der Wormser Lederindustriellenfamilie Heyl zum Künstlerkreis um Franz von Lenbach erging an den Münchener Plastiker Lorenz Gedon 1881 der Auftrag, für das Museum im Paulusstift eine Kopie der berühmten Hildesheimer Bernwardstür zu gießen. Letztere ist ein historisches Zeugnis für den ottonischen Anspruch, den römischen Reichsgedanken wiederzubeleben.

1929 zog das Museum vom Paulus- ins Andreasstift, und die Pauluskirche wurde Stiftskirche des Dominikanerordens und wieder häufiger bei Gottesdiensten frequentiert. Das Kirchentor genoss besondere Bedeutung für Buße-Rituale. Die Bilderwelt auf dem Tor bringt das christliche Heilsversprechen um Erbsünde und Sühne mit Szenen aus dem Alten und Neuen Testament auf den Punkt. Dem Sündenfall (links) steht Jesus gegenüber, der die Sünden der Menschen auf sich nimmt (rechts) und damit sühnt. Vergleichbar tilgt die gottesfürchtige Maria den Ungehorsam von Urmutter Eva. Stilistisch geradezu innovativ wirken die halb- bis vollplastischen Figuren mit großen Augen und Gesten.

An der Pauluskirche war nicht dieselbe Höhe wie in Hildesheim vorhanden, also wurden die obersten Szenen, die in Hildesheim dargestellt sind, in Worms weggelassen. Bis 2008 war die erste Wormser Nachbildung korrodiert. Die tonnenschweren Flügel ließen sich nur schwer öffnen und hingen durch, was Schleifspuren im Sandstein bezeugen. Über eine Spendenaktion konnten rund 100.000 Euro für einen Neuguss aus Bronze gesammelt werden, der das Tor zum Paradies heute wieder »neu« wirken lässt.

Adresse Dominikanerkloster St. Paulus, Paulusplatz 5, 67547 Worms | ÖPNV Bus 401, 405, 407, 408, 431, Haltestelle Marktplatz/Petersstraße | Tipp Sehr zu empfehlen ist ein Besuch der Kreuzganggespräche und der Sommerkonzerte des Paulusklosters, zu denen man sich unter www.dominikaner-worms.de anmelden kann.

36 Der Blick von der Nibelungenbrücke

Majestätisches Stadtbild

Wie ein Burgturm grüßt die neoromanische Nibelungenbrücke vom Rhein. Auch wenn sie mittelalterlich wirkt, gehört sie zu den Glanzleistungen des Stadtarchitekten Karl Hofmann, der der Nibelungenstadt mit einem eigenen Baustil ihr heutiges Gesicht verlieh. Gebaut wurde sie 1900 nach dem Vorbild der Zeichnungen Peter Hammans vom Mainzer Tor des 17. Jahrhunderts. Am anderen Rheinufer stand 1900 bis 1945 ein ähnlicher Turm. Nach Jahrhunderten der Rheinquerung mit der Fähre oder einer strömungsanfälligen Bootsbrücke konnte sich Worms ein halbes Jahrhundert an einer wahren Tower Bridge erfreuen, bevor die abziehende Wehrmacht vor den anrückenden Amerikanern 1945 beide Türme und die Brücke sprengte. Nur einer wurde nach dem Krieg wiederaufgebaut. Erhaltene Eisenverstrebungen der Brücke wurden später im Dachgeschoss des Doms verbaut. Dort kann man sie bei einer der seltenen Domturmbesichtigungen heute noch bestaunen. Mehrere Brückentrümmer sind noch immer nicht aus dem Rhein geborgen und verursachen bei starker Strömung dramatische Gegenwirbel.

Seit mehreren Jahren werden die bewohnten Stockwerke des Brückenturms als Heim der Pfadfinderschaft Sankt Georg genutzt. Beim Blick aus den Wohngeschossen, die man nach einem steilen Treppenanstieg erreicht, bietet sich die Stadt mit all ihren Türmen rund um den »thronenden« Dom prachtvoll dar. Zum Tag des offenen Denkmals kann man ihn oft genießen. Der Blick über beide Brücken aufs andere Rheinufer lässt sich allenfalls mit einem Blick aus dem Riesenrad beim Backfischfest vergleichen.

Warum gibt es in Worms heute eigentlich zwei Parallelbrücken? Es war dies eine elegante Lösung, um dem zunehmenden schweren Lastverkehr gerecht zu werden. 2005 bis 2008 wurde die neue Brücke gebaut, 2009 die alte saniert.

Adresse Rheinufer, 67547 Worms | ÖPNV Bus 410, Haltestelle Rheinpromenade | Tipp Auch der Radweg zu beiden Seiten der Brücke bietet schöne Ausblicke.

37__Der Blick vom Café Domblick

Adel, Beständigkeit und griechische Medizin

In den laubfreien Monaten bietet sich vor dem Café Domblick (im Gebäude der Sparkasse am Lutherring) ein einmaliger Blick auf den Dom von seiner Nordwestseite. Auch aus dem oberen Stockwerk des anliegenden Cafés lässt sich dieser Blick erhaschen. Hier kann man bei original griechischem Mokka und frischem Wormser Käsekuchen wunderbar Urlaubsgefühle mit Heimatliebe kombinieren. Im Sommer bietet das Café die beste Medizin gegen Hitze: einen feinschaumigen Café frappé (kalter, schaumig gerührter Milchkaffee) oder einen Cappuccino freddo, beides Bestseller im Land der Hellenen.

Mit diesem Domblick, Inbild der Beständigkeit, wuchs auch Marie-Elisabeth Klee auf, Tochter des Lederindustriellen Ludwig Heyl, die letzte in Worms präsente Nachfahrin der einstigen Aristokratenfamilie. Denn an der Stelle der Sparkasse stand bis 1945 das Heylsche Familienpalais Majorshof, benannt nach Marie-Elisabeths Onkel, Major Maximilian Heyl. Die Heyls waren junger Adel: Erst mit dem Kauf des Schlosses Herrnsheim im Jahre 1886 wurden sie geadelt. 1919 wurden Adelstitel bereits wieder abgeschafft. Frau Klee hielt nie an ihrem »von« fest – anders als manche Zeitgenossen.

Nach dem Krieg verkauften die Heyls das Grundstück unter der Auflage, einen Teil der Gartenanlage der Öffentlichkeit zugänglich zu machen. So entstand der heutige Streifen des Majorshofparks rechts der Sparkasse. Marie-Elisabeth heiratete den Diplomaten Eugen Klee, lebte viele Jahre im Ausland, wurde in den 1960er Jahren Bundestagsabgeordnete für den Wahlkreis Worms und erhielt das Bundesverdienstkreuz. 1985 war sie Bundesvorsitzende von UNICEF Deutschland. Bis zu ihrem Tod 2018 im Alter von 96 Jahren blieb sie im Wormser Kulturleben aktiv und wurde hoch geachtet. Bestattet wurde sie in der alten Familiengrablege der Heyls, der Gottliebenkapelle in Herrnsheim – eine letzte Verbeugung vor der Beständigkeit.

Adresse Lutherring 15, 67547 Worms | **ÖPNV** Bus 410, 644, Haltestelle Kriemhildenstraße | **Tipp** Ein Spaziergang im angrenzenden Majorshofpark bietet nicht nur Kühle und Schatten, sondern auch ungeahnte Ausblicke auf die Kriemhildenstraße und ihre historischen Gebäude.

38__Der Blick vom Insel-Biergarten

Camping zwischen Rhein und Hafen

Vom Biergarten auf der Floßhafen-Halbinsel genießt man spektakuläre Blicke auf den Hafen – und von drinnen auf den Rhein und die vorbeifahrenden Schiffe. Das Heim des Wassersportvereins bietet auch einen hellen Nebenraum für Veranstaltungen.

Die Highlights des Jahres sind das Fischerstechen zum Abschluss des Backfischfests und das Floßhafenfest. Vom Biergarten genießt man einen unverstellten Blick auf die Fischerstecher-Mannschaften (siehe Ort 89). An Werktagen lassen sich das Löschen von Ladungen und Anlegemanöver der Rheinpötte beobachten, während man aufs Essen wartet. Heutzutage werden solche Anlegemanöver häufig mit komplexer Technik unterstützt. Die gewerbliche und sportliche Nutzung des Hafenbeckens liegen örtlich erstaunlich eng beieinander. So befinden sich die Bootsliegeplätze direkt gegenüber dem Beladungsufer. All dies ist nicht weit vom Betriebsgelände der »Röchling Automotive« entfernt. Auch die Sportbootprüfungen der Wassersportvereine werden im Hafenbecken abgenommen. Die Slip-Anlage für die Privat-Skipper befindet sich am selben Ufer wie die Lkw-Waage und die großen Schiffs- und Eisenbahnbeladungskräne. Die Vereinsmitglieder lieben es, auf der Halbinsel mit Doppelblick auf Rhein und Hafen im Wohnwagen zu campen. Bei Hochwasser sind sie jedoch gefährdet und müssen die Wohnwagen in Sicherheit bringen.

Auch wenn er weit kleiner ist als der Mannheimer, so ist der Wormser Hafen doch keineswegs bedeutungslos. Im Oktober 2020 liefen ihn 124 Frachtschiffe an. 64.245 Tonnen Güter wurden ausgeladen, mit einem Löwenanteil an chemischen Erzeugnissen, außerdem Düngemittel, Steine und Erden, landwirtschaftliche Produkte, Fahrzeuge, Maschinen, Brennstoffe und Mineralölerzeugnisse. Im selben Zeitraum verließen 35.799 Tonnen Güter den Hafen – ein deutlicher Importüberschuss also.

Adresse Wassersportverein Worms, Floßhafenstraße 15, 67547 Worms, www.wassersportverein-worms.de | ÖPNV Bus 410, Endstation Salzstää | Tipp Sehenswert ist der urige Findling des »Salzsteins« gegenüber der Bushaltestelle.

39 Der Boule-Platz

Vive la Pétanque!

Boule spielen lässt sich bei fast jedem Wetter und in jedem Alter – auch in Worms. Einen großzügigen, turnierfähigen Boule-Platz mit Rheinblick unter alten Kastanien besitzt Worms seit 1995. Zunächst trafen sich frankophile Wormser auf dem Karlsplatz, später vor Kolbs Biergarten, um diesem geselligen Sport zu frönen. Die Mitglieder des eigens gegründeten Vereins 1. PC Rheinbouler Worms schossen die benötigten Mittel vor und errichteten den schönen Platz hinter Hagendenkmal und Rosengarten. Hier werden im Sommer auch Wohnmobilisten auf der Durchreise gesichtet.

Pétanque wurde 1907 in der Hafenstadt La Ciotat bei Marseille erfunden, als seniorengerechte Variante des Jeu Provençal, das eine längere Distanz und Anlauf voraussetzt. Geworfen wird aus einem auf den Boden gezeichneten Kreis und mit geschlossenen Füßen (provenzalisch »péd tanca«).

2018 wurden die Rheinbouler Meister der Bezirksliga Vorderpfalz. Mehrmals jährlich sind die Wormser Gastgeber von Turnieren und begrüßen Dutzende Gastmannschaften aus dem süddeutschen Raum. Denn was so entspannt aussieht, unterliegt genauen Regeln und einer Turnierordnung. Der Wormser Hagen-Cup samt Wanderpokal und das »Zwibbelkucheturnier« haben sich einen Namen gemacht. Es gibt ein Vereinsemblem mit Drachen, Mannschaftstrikots, Sponsoren – und mitfiebernde Zuschauer bei den Turnieren. Französische Fachbegriffe machen dann die Runde. »Carreau sur place« heißt eine Schusstechnik, mit der ein Spieler seine Kugel direkt an die Stelle einer gegnerischen Kugel setzt. Ein »Plombée« ist ein hoher Bogenwurf mit steiler Flugbahn, eine »Barrage« eine Zwischenrunde, die für die Hauptrunde qualifiziert.

Stadionhelle Beleuchtung verlängert mittlerweile die Spielabende und ermöglicht auch Berufstätigen ein Feierabendspiel. Wer sein Zubehör mitbringt und sich an die Platzordnung hält, darf munter drauflosspielen.

Adresse Boule-Platz am Rheinufer, Kastanienallee, 67547 Worms, www.rheinbouler-worms.de | ÖPNV Bus 410, Haltestelle Rheinpromenade | Tipp Falls den Kindern beim Spiel der Eltern langweilig wird: Neben dem Boule-Platz befindet sich ein attraktiver Abenteuerspielplatz mit großem Schiffsmodell.

40 Eine Brücke für Karl Kübel und …

… vier Fäuste für Worms

Zum Backfischfest auf die Kisselswiese gelangt man aus der Stadt zu Fuß über eine 48 Meter lange Hochbrücke. Nach ihrer Einweihung sollte sie nach Karl Kübel benannt werden, der in den 1930er Jahren eine große Möbelfabrik in Worms übernommen hatte. Auch nach dem Krieg florierte das Unternehmen und sicherte 3.800 Arbeitsplätze. 1973 verkaufte Kübel und gründete die nach ihm benannte Stiftung für Kind und Familie in Bensheim, die sich mit 150 Mitarbeitern in Deutschland, Indien und auf den Philippinen engagiert. 1988 erhielt Kübel das Bundesverdienstkreuz. Außer der Fußgängerbrücke heißt in Worms-Hochheim eine Straße nach ihm, obwohl der Kauf des Möbelunternehmens von der jüdischen Familie Lindemann zu einem niedrigen Preis nach dem Krieg vor Gericht verhandelt wurde. 2006 verstarb der Unternehmer.

Doch damit ist die Geschichte der Brücke noch nicht zu Ende. Im Sommer 2018 reiste Schauspieler Terence Hill, bekannt aus den »Vier Fäuste«-Filmen mit Bud Spencer, zur Präsentation seines Films »Mein Name ist Somebody« an und weihte die Brücke noch einmal ein. Ein Wormser Magazin hatte eine Flashmob-Aktion samt Terence-Hill-Pappfigur aus dem Boden gestampft, um die Brücke nach ihm zu benennen. Terence Hill, mit bürgerlichem Namen Mario Girotti 1939 in Venedig geboren, war nämlich 1966 schon einmal in Worms gewesen, als er in einem Nibelungenfilm mitgespielt hatte. Und als er im Mai 2018 eine Europatournee für seinen Film plante, machte sich der damalige Oberbürgermeister Michael Kissel für einen Stopp in Worms samt Brückenbenennung stark. Das fanden die Erben Kübels nicht witzig. Nach einem vergeblichen Vorschlag zur Güte, die kleine Brücke mit zwei Namen zu beehren, siegte Karl Kübel. Hill kam trotzdem, trug sich ins Goldene Buch der Stadt ein und bewunderte das Bauwerk auf Deutsch: »Eine schöne Brücke!«

Adresse Karl-Hofmann-Anlage 2, 67547 Worms | ÖPNV Bus 431, Haltestelle Wallstraße | Tipp 1966 flimmerte Terence Hill im Wormser Roxy-Kino über die Leinwand. Heute ist es kein Kino mehr, sondern beherbergt die Kleinkunstbühne Lincoln-Theater am Obermarkt.

41 Das Carroll's

»Worms, you're Irish«

»You're Irish« – das klingt für Reisende in Irland wie ein Ritterschlag, reserviert für diejenigen, die den drastischen irischen Humor begriffen und im besten Falle sogar selbst angewendet haben. Am alten Fischereck ist in Worms seit Jahren ein Irish Pub Botschafter des guten irischen Humors, mit komfortabler Auswahl an Ale, Cider, Whiskey und Co., Guinness und anderen »dunklen Schönheiten«.

Seit dem letzten Pächterwechsel hört der Pub auf den Namen »Carroll's«, schmückt sich mit gälischen Spruchbändern und einer täglich aktualisierten Tafel voll irisch-wormsischen Humors im Stil von »Help! Wir haben zu viel Bier!«

Drinnen wartet eine Original-Kneipenstimmung »wie früher« mit Holzemporen, Kerzen und Raucherlounge. Ur-irische »Stammgäste« betrachten die Besucher von gemalten Wandbildern aus. Die Grenzen zwischen den realen Stammgästen und dem kommunikativen Thekenteam erscheinen aufgehoben, wenn Abend für Abend das Publikum im Party-Feeling zusammenwächst. Wer Hunger bekommt, legt seinem Murphy's oder Kilkenny einen gediegenen Burger mit Chips zugrunde. Auf Vegetarisch heißt das Green Burger oder auch Mozzarella-Sticks mit Dips. Überhaupt verdienen die hausgemachten Stout- und Cranberry-Soßen eine Erwähnung. Wie in allen Irish Pubs wird die Welt am St. Patrick's Day im März grün und zu den zahlreichen Konzerten und Partys bunt. Das Publikum reicht von Hochschul- bis Ewigstudenten und Lebenskünstlern jeden Alters. Alle sind hier so jung, wie sie sich fühlen.

Rings um das denkmalgeschützte Haus am alten Fischereck sitzt man mittlerweile auch »open air« in einem rührend hergerichteten Biergarten mit handgemalten Bäumen und einem heizbaren Zelt für unzuverlässiges irisches Wetter. Bürgersteig und Vorplatz bieten weitere Sitzmöglichkeiten für alle Hilfsbereiten, die sich gern am Abbau des Biersees beteiligen möchten. Und die Hilfsbereitschaft steigt anscheinend stetig an …

Adresse Rheinstraße 54, 67547 Worms | **ÖPNV** Bus 410, 644, Haltestelle Rheinstraße | **Öffnungszeiten** Mi, Do 17–0 Uhr, Fr, Sa 17–2 Uhr, So 17–23 Uhr | **Tipp** In diesem Viertel stand früher eine Ziegelbrennerei. Im 19. Jahrhundert wurden per »Policeiverordnung« zum Feuerschutz Dachziegel statt Stroh vorgeschrieben. Die gute Tonqualität der Wormser Felder ließ solche Brennereien boomen.

42 Der City-Weinberg

Weinstadt Worms

Wer durchs Andreastor an der Stadtmauer Richtung Valckenbergstraße geht, dem wird bildlich klar, dass Worms die größte weinerzeugende Gemeinde Rheinhessens ist: Sogar mitten in der City wachsen Weinreben. Auf 1.605 Hektar Rebfläche bringt es die Stadt mit ihren Vororten, gefolgt erst in großem Abstand von Westhofen mit 801 Hektar (siehe Ort 28). Wer sich einen Überblick »ertrinken« will, findet sich samstagmorgens am Siegfriedbrunnen am Marktplatz ein. Bis in den frühen Nachmittag schenken wechselnde Wormser Winzer aus: Spohr, Weinmann und Klosterhof Lösch aus Abenheim, Müsel und Schäfer aus Herrnsheim sowie Helmut Kloos aus Horchheim. Der Markt-Winzer-Treff ist Kult, eine Geselligkeit ohne nötige Verabredung. Später am Tag öffnet die Vinothek am Parmaplatz, im ersten der beiden Häuschen von der Innenstadt aus.

Jahrhundertelang war Worms für seine Liebfrauenmilch bekannt, die auf dem ummauerten Wingert beim alten Wallfahrtskloster Liebfrauen gedieh und von Charles Dickens und Victor Hugo geschätzt wurde. 1808 erwarb Bürgermeister Peter Josef Valckenberg den Wingert und später die Reben am Andreasstift. Die Weine lagerten lange am heute verkauften Stammsitz der Familie, im Elefantenkeller unter dem Weckerlingplatz (siehe Ort 33). Heute ist Valckenberg als Weinhandel exportorientiert (USA, China, Japan). Das Haus betreibt sieben Weingüter in Deutschland und je eines in Frankreich, Italien und Spanien.

In siebter Generation konzentriert sich der heutige Inhaber und Valckenberg-Nachfahre Wilhelm Steifensand als Öko-Winzer auf die Lage Liebfrauenstift Kirchenstück. Auf nur zwölf Hektar mit einzigartigem Löss-Kalk-Boden gedeihen goldgelbe Trauben, werden handverlesen und in langsamer Gärung verarbeitet. Das Ziel ist nichts Geringeres als ein Wormser »Grand Cru« – nach den Richtlinien des Verbands Deutscher Prädikats- und Qualitätsweingüter (VDP)!

Adresse Valckenbergstraße / Schönauer Straße, 67547 Worms | ÖPNV Bus 401, Haltestelle Andreasstraße | Tipp Der Wingert am Liebfrauenstift ist nicht öffentlich zugänglich, aber gut von der sehenswerten gleichnamigen Kirche aus einsehbar.

43_Der Discgolf-Parcours

Zwischen Golf und Frisbee

Ganz und gar nicht elitär und jederzeit zugänglich ist der Discgolf-Parcours im Wormser Wäldchen. Auch wer nicht zu den Golferkreisen gehört, aber Bewegung im Freien liebt, kann sich in diesem Trendsport üben. Davon zeugen sechs 2020 aufgestellte Metallkörbe. Der Parcours beginnt im Parkstück Nähe Tierheim und setzt sich über den Äschebuckel fort.

Nacheinander wirft man von den mit Holzschnitzeln gefüllten Abwurfstellen auf die Körbe. Die Scheibe muss mit möglichst wenigen Würfen im Korb landen. Der Wormser Parcours ist auch für Anfänger geeignet, die kürzeren Bahnen sind »nur« etwa 40, die längste 92 Meter lang, bergauf und bergab, an Bäumen und Büschen vorbei. Seit Sommer 2020 gibt es ein monatliches Turnier, zu dem etwa 30 Teilnehmer aus der Region kommen. Ausgewertet wird nach genauen Regeln. Die Discgolfer haben sich eine Vereinsgründung und die Erweiterung des gegenwärtigen Parcours zum Ziel gesetzt.

Michael Hamann, die treibende Kraft hinter dem Wormser Discgolf, demonstriert auch blutigen Anfängern, wie es geht. Statt einer windanfälligen Frisbee-Scheibe nutzen Anfänger eine mittelschwere Midrange-Scheibe, die angenehm weich in der Hand liegt. Drei Finger unter die Scheibe und den Daumen parallel obenauf, reißt man die Scheibe mit der rechten Hand mit Kraft von links oben dicht am Körper vorbei und zielt leicht links am Ziel vorbei, denn die Scheibe neigt zur s-förmigen Rechtsdrift. Mancher wird erstaunt sein, wie schnell man schon mit ein wenig Übung Fortschritte macht. Wer angefixt ist, schleppt bald einen Rucksack voll bunter Scheiben, vom Putter fürs nahe Einwerfen bis zu den Drivern mit breitem Rand für Fortgeschrittene. Wer Interesse hat, schaut bei einem Turnier am letzten Sonntagvormittag im Monat vorbei (Treffpunkt Parkplatz an der Parkwirtschaft im Wäldchen) oder macht gleich mit (Anmeldung bei info@discgolf-rheinmain.de).

Adresse Parcours-Beginn: Parkwirtschaft im Wäldchen, Ludwigslust 1, 67547 Worms, www.discgolf-rheinmain.de | **ÖPNV** Ruftaxi 4905 vom Bahnhof (kein Bus!) | **Tipp** Nächstgelegene Discgolf-Treffpunkte der Gruppe mit Turnieren sind Darmstadt und Rüsselsheim.

44 Der Domkreuzgang

Ruhepunkt im Touristenrummel

Die Stelle des früheren Domstift-Kreuzgangs, der seit seinem Abriss 1832 nicht mehr aufgebaut wurde, schmückt heute eine Grünanlage. Kreuzgänge dienten der gemächlichen Bewegtheit von Körper und Geist, dem Zur-Ruhe-Kommen – warum nicht auch den heutigen Touristen?

Der Dom, wichtigste touristische Destination von Worms, in seiner heutigen Gestalt wurde 1130 bis 1181 erbaut, das Querschiff, so legen es Reste von Gerüstbalken nahe, schon ab 1105. Der 1018 in Anwesenheit von Kaiser Heinrich II. geweihte Vorgängerbau – der Burcharddom – wurde später abgetragen. Schon er soll einen Kreuzgang gehabt haben. Zur Weihe des Dom-Neubaus 1181 ist ein Kreuzgang am Domstift bezeugt. 1484 ließ Bischof Johann von Dalberg ihn in gotischem Stil umgestalten. Fünf Reliefbilder sind heute noch erhalten und werden im Dom-Nordschiff ausgestellt.

Im Dom und seinen Vorgängerbauten wurde Kaiser- und Bischofsgeschichte geschrieben. An einer interaktiven Infostele am Südeingang kann man sie reich bebildert nachschlagen. Bischof Burchard führte Worms zur Blüte, samt den romanischen Stiften St. Paulus, St. Andreas und St. Martin. Im Dom zu Worms wurde 1048 der spätere Papst Leo IX. gekürt, ein Verwandter von Salierkaiser Heinrich III. Die Kaiser Karl der Große und Friedrich II. heirateten in Worms. Der von Kaiser Heinrich V. ernannte Bischof Burchard II. ließ das Dom-Ostwerk errichten. 1802 wurden Hochstift und Bistum Worms säkularisiert. Seither ist der Dom eine Pfarrkirche, doch wurde er vom Papst 1862 zur Propsteikirche und 1925 zur Basilica minor mit allen damit verbundenen Ehrenrechten erklärt.

Nach einem Architektenwettbewerb für die Neugestaltung des Kreuzgangs wurde 2020 mit der Ausführung des Siegerentwurfs vom Architekturbüro Sinai aus Berlin begonnen. In barock wirkender Symmetrie ordnen sich Bäumchen und Blumenbeete um ein zentrales Rondell an – ein hoffnungsvoller Neuanfang.

Adresse Domplatz, 67547 Worms | ÖPNV Bus 401, Haltestelle Domplatz | Tipp Weitere Kreuzgänge in Worms sind der (nur bei Veranstaltungen zugängliche) Kreuzgang des Paulusklosters, der teils neu errichtete des Museums Andreasstift und der idyllische Hof des Martinsstifts.

45 Die ehemalige Prachtstraße KW

Hier wuchs der Vater des Arbeitsrechts auf

Seit 1945 heißt sie eigentlich nicht mehr »KW« nach Kaiser Wilhelm, sondern nach dem Sozialdemokraten und SPD-Mitglied Wilhelm Leuschner, der 1944 nach dem Hitler-Attentat hingerichtet wurde. Und doch überlebt das Kürzel für die einstige Prachtstraße mit ihren Klassizismus-, Neorenaissance- und Jugendstilfassaden bis heute. Einige Villen wurden wiederaufgebaut, andere in den innovationsversessenen 1970er Jahren abgerissen. Expressionistische Kunstverzierungen aus den 1920er Jahren finden sich am Balkon von Nummer 26, einst Sitz der Kleiderfabrik von Leopold Sinzheimer, Vater des Verfassungsrechtlers Hugo Sinzheimer, der als Vater des Arbeitsrechts gilt. Eine Gedenktafel am Haus erinnert daran.

Sinzheimer promovierte 1902 in Heidelberg und wurde Mitglied der SPD. 1917 bis 1919 war er Stadtverordneter in Frankfurt und wurde vom Arbeiter- und Soldatenrat zum Polizeipräsidenten bestellt, jedoch von Preußen nicht anerkannt. Als Mitglied der Weimarer Nationalversammlung sorgte er für die Verankerung von Koalitionsfreiheit und Tarifautonomie in der Verfassung und focht für die Abschaffung der Todesstrafe. 1921 begründete er die Akademie der Arbeit und lehrte Arbeitsrecht und Rechtssoziologie an der Universität Frankfurt. Zu seinen Schülern zählte Carlo Schmid.

1933 floh er nach Holland, lehrte in Amsterdam und Leiden. 1937 wurden ihm die deutsche Staatsangehörigkeit und die Doktorwürde entzogen; 1941 wurde er im besetzten Leiden von der Universität entlassen. Zweimal wurde er, weit über 70, mit seiner Frau verhaftet, dann tauchte er 1942 unter. Kurz nach der Befreiung starb er halb verhungert im niederländischen Bloemendaal.

Sinzheimers Ideen prägen das moderne Tarifrecht. Das Frankfurter Institut für Arbeitsrecht ist nach ihm benannt und veranstaltet ihm zu Ehren jährlich eine Sinzheimer-Vorlesung.

Adresse Wilhelm-Leuschner-Straße 26, 67547 Worms | **ÖPNV** vom Bahnhof in wenigen Minuten fußläufig zu erreichen | **Tipp** Sehenswerte Palais in der ehemaligen Prachtstraße KW gibt es weitere, etwa die Nummer 10, die heutige Carmeliter-Apotheke.

46 Das Eleonoren-Gymnasium

Ein Schulhaus wie bei Harry Potter

Der zauberschlossartige Bau des Eleonoren-Gymnasiums, kurz »Elo«, war die erste überkonfessionelle Mädchenschule der Stadt und nach Großherzogin Eleonore von Hessen und bei Rhein, der zweiten Frau des letzten Großherzogs Ernst Ludwig, benannt. Bis dahin gab es separate Anstalten für katholische, evangelische und jüdische Mädchen. Die von den Bürgern, allen voran dem jüdischen Gemeinderat Marcus Edinger, geforderte Schule wurde zunächst abgelehnt. 1874 schlossen sich Bürger zu einer Schulgründung zusammen. Die überkonfessionelle Schule für höhere Töchter zog zunächst an den Weckerlingplatz, bevor der Neubau 1906 fertig wurde. Erst ab 1925 ließ sich das Abitur ablegen, was 1935 durch ein hauswirtschaftliches Abitur ohne Studiumsberechtigung rückgängig gemacht wurde. Generationen von Wormserinnen, wie die Dichterin Anne Marx oder Marie-Elisabeth Klee (siehe Ort 37), gingen hier zur Schule. Letztere gewann als Jahrgangsbeste 1940 den Heylspreis, eine vierbändige Ausgabe der Wormser Geschichte von Heinrich Boos, und machte ihn ihrer früheren Schule 2017 wieder zum Geschenk.

Nach dem Krieg wurde das schöne Gebäude mit seiner Säulen-Eingangshalle, den kunstvollen Wandgemälden und Mosaikfußböden von der Polizei requiriert und später für das Roxy-Kino genutzt. Schule fand erst wieder im Jahr 1963 statt. 1971 nahm man dann die ersten Jungen auf.

Die Namenspatronin Eleonore war wegen ihrer Förderung der Kultur und von Frauen sehr beliebt. Vom Arbeiter- und Soldatenrat 1918 abgesetzt, zog sich die Herzogsfamilie hernach ins Privatleben zurück. Eleonores Tod war tragisch. Wenige Wochen nach ihrem Mann starb sie 1937 zusammen mit ihrem ältesten Sohn und dessen Familie bei einem Flugzeugabsturz bei Ostende – auf dem Weg zur Hochzeit des jüngeren Sohns.

Adresse Karlsplatz 3, 67549 Worms | ÖPNV Bus 405, 408, Haltestelle Karlsplatz | Tipp Das Wasserturmviertel zeigt sich in seinem ganzen Charme zum jährlichen Sommerstraßenfest mit Live-Musik, Speis und Trank, Kinderflohmarkt, Nachbarschaftsplausch und Lebensfreude.

47 Der Elisabeth-Groß-Platz

Vom Schicksal einer beherzten Kommunistin

Am Elisabeth-Groß-Platz gegenüber der Geschwister-Scholl-Schule haben angetroffene Schüler weder von der sozial engagierten Wormserin noch von Adolf Hitler gehört. Elisabeth Groß wurde 1899 in Worms in eine Arbeiterfamilie geboren. Sie stand der KPD nahe, leitete die Internationale Arbeiterhilfe und kochte unentgeltlich für Bedürftige. Viele lud sie nach Hause ein und gab ihnen Geld. 1932 reiste sie für die Arbeiterhilfe nach Moskau zu einem Kongress und berichtete anschließend darüber. Was sie nicht wusste: Ein NSDAP-Spitzel schrieb mit. Das Material wurde später gegen sie verwendet. Elisabeth Groß war eine praktisch denkende, fürsorgliche Frau. Sie mietete eine Wohnung im Saarland, um Mann und Söhnen während eines Arbeitsauftrags nahe zu sein – und der Schwiegertochter ein Hotelzimmer in Trier, damit sie ihren Mann vor dessen Fronteinsatz verabschieden konnte.

Doch sie hatte schwache Nerven und wurde von ihrem Instinkt verlassen, als sie Ende Juli 1943 Besuch von einem Bekannten erhielt, der sie nicht wie üblich mit »Heil Hitler« begrüßte. Sie nahm wohl an, er habe sich vom Regime distanziert und nannte Hitler einen »Lump« und »Stromer«: »Es muss doch eine Möglichkeit geben, ihn umzubringen.« Der Besucher ließ sich nichts anmerken. Er steckte sogar noch 20 Mark ein, die sie ihm mitgab. Dann erstattete er Anzeige. Das Anliegen wurde dringlich behandelt, Elisabeth Groß wenige Tage später verhaftet und nach Berlin-Moabit verbracht. Etwa ein Jahr später wurde sie, misshandelt und halb wahnsinnig, durch das Fallbeil hingerichtet. Ihre Mutter erfuhr davon vier Wochen später – mitsamt dem Verbot, eine Sterbeanzeige zu veröffentlichen. Der Denunziant wurde später nach mehreren Prozessen freigesprochen – aus damaliger Sicht habe er wahrheitsgemäß berichtet.

An ihrem Haus in der Gaustraße 65 erinnert ein Stolperstein an das Schicksal der mutigen Wormserin.

Adresse Elisabeth-Groß-Platz, 67547 Worms | **ÖPNV** Bus 409, Haltestelle Karl-Marx-Siedlung | **Tipp** In der Nähe liegt der Gnadenhof High Chaparral der Wormserin Carry Lerch, die sich einen Lebenstraum erfüllte und Tieren aller Art einen friedlichen Lebensabend ermöglicht.

48 Die Enzingervilla

Der kurze Traum vom eigenen Wasserturm

Wer den Platz vor der Karmeliterschule überquert, verfällt wohl nicht mehr in bewunderndes Staunen, wenn er die leicht vernachlässigte Turmvilla aus dem Fin de Siècle erblickt. Vor 125 Jahren war das anders. Wo üppige Salons den Enzingers ein süßes Leben mit autonomer Stromversorgung und eigenem Wasserturm bieten sollten, zogen später nüchterne Bankschalter ein.

Generationen von Wormsern haben »beim Enzinger« in Pfeddersheim Arbeit gefunden; der heutige Nachfolgerbetrieb KHS GmbH mit Hauptsitz in Dortmund existiert weiterhin. Dies alles gründete sich auf die Erfindung des jungen Brauereisohns Lorenz Adalbert Enzinger aus Wasserburg im Jahre 1878. Er ließ sich beim Kaiserlichen Patentamt in Berlin einen Filter zur Reinhaltung von Bier patentieren, den er bald erfolgreich verkaufte. Auf die Idee kam er, als er Brauer an der landwirtschaftlichen Schule in Worms unterrichtete. Den Prototyp des Filters schnitt er mit der Säge aus Hartgummi aus und testete ihn in seiner Wormser Privatküche. In Worms lernte Enzinger auch Minna Rüdiger kennen und heiratete sie 1874. Nach Stationen in Berlin-Neukölln und Dortmund kehrte er 1876 zurück und produzierte »Enzinger's Universal-Schnellfilter«. Sie filtern zunächst in mehreren Papierlagen die Trübpartikel aus dem Bier und halten Hefepartikel zurück, was das Gebräu haltbarer macht. Kleinere Brauereien verfahren bis heute nach diesem Prinzip.

1883 zog das Werk auf das Pfeddersheimer Gelände an der Pfrimm um. Heute produziert die KHS GmbH mit über 5.000 Mitarbeitern in Dortmund, Kleve, Bad Kreuznach und immer noch in Worms Abfüll- und Verpackungsanlagen für die Getränke-, Food- und Non-Food-Industrie. Internationale Standorte befinden sich in Brasilien, USA, Mexiko, Indien und China.

Die Wormser Stadtvilla wurde 1886 fertig, ein Jahr vor dem Tod des Erbauers. Enzingers Sohn verkaufte den Bau, heute ist er ein Kulturdenkmal.

Adresse Karmeliterstraße 6, 67547 Worms | ÖPNV vom Bahnhof in wenigen Minuten zu Fuß erreichbar | Tipp Von der anderen Pfeddersheimer Fabrik, der Konserven- und Marmeladenfabrik Braun, steht nur noch das Gebäude.

49 Die Eulenburg

Wo die erste deutsche Bibel gedruckt wurde

Die erste Bibel der Reformationszeit war nicht etwa jene Luthers, sondern die sogenannte Wormser Bibel. Sie wurde 1529 von Peter Schöffer dem Jüngeren in Worms gedruckt, sieben Jahre vor der Lutherbibel. Die Druckerwerkstatt lag an der Stelle, wo heute das barocke Gebäude der Eulenburg steht. Heute ist hier ein Pflegeheim des Deutschen Roten Kreuzes untergebracht. Eine zweisprachige Infotafel erinnert an den historischen Ort.

Das Gebäude war zunächst Wohnsitz des reformatorisch gesinnten Schultheißen Dr. Balthasar Meiel. Peter Schöffer, Sohn des gleichnamigen, in Gernsheim geborenen Gutenberg-Werkstattinhabers, siedelte 1518 ins damals liberalere Worms. 60 Schriften druckte er hier: 1526 das erste vollständige Neue Testament von William Tyndale auf Englisch. Auch die erste Übersetzung der biblischen Propheten aus dem Hebräischen ins damalige Deutsch, die sogenannten Wormser Propheten, wurden hier gedruckt – oder auch 1527 bis 1529 die Schleitheimer Artikel der Täuferbewegung.

Damit setzte Schöffer ein unmissverständliches Zeichen in religiös zerrissenen Zeiten. Bis zu einem Drittel der Bevölkerung und viele Aufständische im Bauernkrieg neigten den Täufern zu, die jedwede Obrigkeit ablehnten. 1525 wurden die Bauern in der Bluthohl bei Pfeddersheim niedergemetzelt, die Täufer 1529 auf dem Reichstag in Speyer zur Verfolgung ausgeschrieben und aus Worms vertrieben. Es wurde schwierig für den freiheitlich gesinnten Drucker. Eine Ehe mit der Straßburgerin Anna Wechter verschaffte ihm Gelegenheit für einen Neustart im freien Straßburg.

Die Meielburg wurde im 17. Jahrhundert zerstört und danach im Barockstil neu erbaut. Um sich das Stadtviertel rund um das damalige Mainzer Tor zur Reformationszeit besser vorstellen zu können, hilft der virtuelle Rundgang durch Luthers Worms an der Stadtbibliothek. Oder ein Gang zur Nibelungenbrücke (siehe Ort 36), die vom Mainzer Tor des 16./17. Jahrhunderts inspiriert worden ist.

Adresse Mainzer Straße 20, 67547 Worms | **ÖPNV** Bus 406, 431, 432, Haltestelle Mainzer Straße | **Tipp** Nicht sicher ist, ob Goethe bei einem Wormsbesuch zu Gast in der Meielburg war. Seit 1840 gehörte sie dem demokratisch gesinnten Weinhändler, Bürgermeisteranwärter und Kunstsammler Johann Philipp Bandel.

50 Die »Fabrik«

Urgestein der Subkultur

Seit 1993 hat Worms mit der Galerie Schauraum im Gebäude einer ehemaligen Textilfabrik in der Zornstraße ein Zentrum der freien Kunstszene. Gegründet wurde die Fabrik schon 1979 als alternatives Wohn- und Arbeitsprojekt vom Künstlerkollektiv um Armin Kühne, Albert Huber, Matthias Mayer und Joachim Biehl. Kurator der Kunstgalerie ist heute der Wahlwormser Michael Mahla, Maler und Grünen-Kommunalpolitiker. Seither leben und arbeiten unter den Fabrikdächern mit einem großen, hellen Schauraum mehrere Generationen von Künstlern. Etwa zehn bis zwölf Ausstellungen pro Jahr, zu Einzelkünstlern oder Gruppen, meist aus der freien Szene, werden in der großen Halle gezeigt. Ein weiterer Raum gibt Gelegenheit zu Tanz- und Disco-Events.

Brotlose und schwierige Zeiten galt es abzuwettern, aber auch unvergessliche Fabrik-Abende der Lebenslust zu feiern und eventuell auch mal vor ungebetenem Besuch durchs Fenster zu türmen. Geblieben ist ein Treffpunkt für Kunstschaffende, Lebenskünstler und Unterstützer – eines der raren Überbleibsel der Wormser Subkultur. Mancher bekannt gewordene Kunstschaffende ist aus der Wohn- und Arbeitsgemeinschaft hervorgegangen, etwa der Schlagzeuger mit Künstlernamen Erwin Ditzner – Markenzeichen Vollbart und Käppi. Mit verschiedenen Partnern ist er Teil des Heidelberg-Mannheimer Festivals »Enjoy Jazz« und liebt den Dialog mit der Weltmusik. Auch die junge Wormser Künstlerin Astrid Bellefroid hat ein Atelier im Gebäudekomplex eröffnet. Skulpturen aus verschiedensten Materialien, auch Tuschezeichnungen gehören zum Œuvre der studierten Grafikdesignerin mit belgischen Wurzeln. In der Zornstraße sind (Lebens-)Kunst und Publikumswirkung eine günstige Symbiose eingegangen. Der Straßenname leitet sich übrigens nicht von einer rebellischen Emotion her, sondern vom Wormser Schulrektor Friedrich Zorn, der 1565 bis 1570 eine Stadtchronik von Worms verfasste.

Adresse Zornstraße 11a, 67549 Worms | ÖPNV von der Bahnhof-Rückseite zu Fuß erreichbar | Öffnungszeiten Ausstellungen Sa, So 19 – 21 Uhr | Tipp Ausstellungen sind vornehmlich an Wochenenden zu sehen.

51 Das »Feigenblatt«

Ältester Puff Deutschlands

Auf der Reeperbahn sucht man vergeblich nach einem Etablissement, das es schon so lange gibt wie das Wormser »Feigenblatt« nahe der Wollstraße. Natürlich handelt es sich nicht nur um einen reinen FKK-Club, wie das Schild vermuten lässt, sondern um einen Puff mit langer Geschichte – laut Hörensagen sogar den ältesten Deutschlands. Bis auf das Jahr 1936 soll er zurückgehen, damals noch als »Haus Hoffmann« oder »Rote Laterne«. Neben der Erotik kitzeln Sportübertragungen, ein Erotikkino und eine Bar die Sinne des Mannes, eine gute Portion Wellness soll die Verweildauer verlängern. Junggesellenabschiede, Betriebsfeiern, Geburtstage und »andere Schweinereien« werden ausgerichtet.

Wer sich mit Prostitution beschäftigt, stößt quer durch die Geschichte auf Doppelmoralisches, Überraschendes und Schockierendes. Seit 2017 soll das deutsche Prostituiertenschutzgesetz »Sexarbeiterinnen« bessere Arbeitsbedingungen bescheren; seit 2002 gilt ihre Arbeit nicht mehr als »sittenwidrig«, als regelrechtes Gewerbe aber auch nicht. In Holland ist Prostitution legal, in Schweden hingegen werden Freier bestraft. Man muss dem deutschen Ansatz zugutehalten, dass auch die Interessen der Frauen berücksichtigt wurden. Denn zum Unappetitlichsten an den historischen Erlassen, von der Antike über Papst Sixtus IV. (1471–1484), der in Rom ein Bordell unterhielt, bis zu den Nazis (KZ-Bordelle, »Wehrmacht-Erholung«), gehört: Liederlich, sittenwidrig et cetera handeln stets die Frauen und Zuhälter, nicht ihre Kunden.

Geschätzt eine Million Männer nehmen in Deutschland pro Tag die Dienste von Prostituierten in Anspruch. Das Statistische Bundesamt schätzt den entsprechenden Jahresumsatz auf 15 Milliarden Euro. Rund 400.000 Sexarbeiter arbeiten in Deutschland, zu 90 Prozent weiblich. Von diesen sind vermutlich über die Hälfte Migrantinnen. Eine Geschäftstätigkeit dieser Größenordnung gestattet heute kein schweigendes Übergehen mehr.

Adresse Römerstraße 2a, 67547 Worms | ÖPNV Bus 409, Haltestelle WEP Ost; Ruftaxi 4905 vom Bahnhof, Haltestelle Römerstraße | Tipp In der Nähe, am Anfang der kleinen Wollgasse, bietet Frollein Elfriede (www.frolleinelfriede.com) vegane Speisen, Kaffee und Kuchen in ihrer liebevoll eingerichteten »gud Stubb«. Die Zutaten sind pflanzenbasiert, gluten- und allergenfrei.

52 Die Friesenstraße

Wurzeln einer Bestsellerautorin?

Die Neapolitanische Saga der Autorin Elena Ferrante (Band eins: »Meine geniale Freundin«) wurde 2016 in Deutschland zum Bestseller. Das Rätselraten um das Pseudonym der Autorin förderte die Theorie zutage, es könne sich die italienische Übersetzerin Anita Raja dahinter verbergen. Ihre Wurzeln, so recherchierten findige Journalisten, liegen in der Wormser Friesenstraße. Doch mittlerweile behauptete die Autorin aus der Anonymität heraus, mit realem Vornamen tatsächlich Elena zu heißen, wie eine ihrer Protagonistinnen. Damit wäre die Übersetzerin aus dem Rennen.

Golda Petzenbaum, die Mutter der Übersetzerin Anita Raja, kam 1937 als Zehnjährige mit ihren Eltern auf der Flucht vor den Nazis aus Worms nach Neapel. Zuvor hatte Rajas Mutter bei den Großeltern in der Friesenstraße 6 gelebt, wo Großvater Pinkus Horowitz in den 1920er Jahren einen Handel mit Häuten und Fellen sowie Kurz-, Weiß- und Wollwaren führte. 1933 musste die Familie die Wohnung räumen und zog in ein Wohnhaus für Arme und 1938 schließlich in ein Heim um. Dort scheint die Großmutter zu Tode gekommen zu sein, vermutlich gar gewaltsam. Die Spur des Großvaters verliert sich anschließend schon bald in Polen. Elena Ferrante ist, so viel weiß man immerhin, schon 1943 geboren. Ihre Mutter müsste demnach bei Elenas Geburt erst 16 oder 17 Jahre alt gewesen sein, bleibt man bei der Übersetzerinnen-Hypothese.

Derweil hält die geheimnisvolle Elena Ferrante nach wie vor an ihrer Anonymität fest: Bücher brauchten nur sich selbst, konnte man in einem ihrer seltenen E-Mail-Interviews nachlesen. »Passionierte Leser« erhielten durch die Lektüre ein wahrhaftigeres Bild von einer Autorin als über andere Wege, davon ist sie überzeugt. Wie dem auch sei: Auch wenn die Wormser Wurzeln nicht zu Ferrante gehören sollten, steht das Schicksal der Familie Horowitz doch beispielhaft für das Leid jüdischer Wormser Familien.

Adresse Friesenstraße, 67547 Worms | **ÖPNV** Bus 431, Haltestelle Berliner Ring | **Tipp** Ein zweites Haus ist in der Friesenstraße bemerkenswert: Das 1901 errichtete Küchlerhaus trägt das Porträt des baufreudigen Wormser Oberbürgermeisters Wilhelm Küchler über seinem Eingang.

53 Der Geheimgang zum Dom

Der Fluchttunnel des Bischofs

Die Wormser Bischöfe mussten sich über lange Zeit vor vielem und vor vielen in Acht nehmen. Davon oder zumindest von einer exklusiven Verbindung zum Haus Gottes zeugt ein verborgener Tunnel vom Bischofspalast zum Dom aus dem Jahre 1719. Die brandschatzenden Franzosen legten 1689 den alten Bischofspalast, heute im Heylshofpark gelegen, in Schutt und Asche. Dorthin war einst der widerborstige Augustinermönch Martin Luther vor Kaiser Karl V. zitiert worden. 1794 waren es wiederum französische Revolutionstruppen, die den 1719 neu errichteten Barockpalast des Bischofs erneut zerstörten, diesmal als Strafe für die monatelange Beherbergung adliger französischer Revolutionsgegner.

Andere Gegner saßen in der Stadt selbst. Die wohlhabenden Wormser Familien des Dreizehnerrats etablierten sich seit 1526 bis zur Französischen Revolution als bestimmendes (lutherisches) Element der Reichsstadt, in ständigem Clinch mit dem Bischof. Nach 1689 agierte der Rat bis 1697 aus dem Frankfurter Exil und bot den Bischöfen ordentlich Paroli. Zu der Zeit stammten mehrere Bischöfe aus der Familie der Heidelberger Kurfürsten von der Pfalz. Rat und Bürger fürchteten um die reichsstädtischen Freiheiten von Worms aufgrund der Umklammerung durch kurpfälzische Ländereien. Und die geistlichen Hirten der Reichsstadt mit ihren vielen Klöstern und Stiften versuchten noch 1734, sich bischöfliche Privilegien aus der Geschichtsdarstellung des Johann Friedrich Schannat herzuleiten. 20 Jahre später erschien die städtische historiografische Antwort aus der Feder von Johann Friedrich Moritz. Erst die Französische Revolution fegte dieses lähmende Mächte-Patt hinweg, zusammen mit der gesamten Reichsordnung – und dem Bistum Worms. Geblieben von aller Herrlichkeit ist ausgerechnet der Tunnel, heute zu den Öffnungszeiten des Heylshofparks von außen zugänglich, allerdings vergittert.

Adresse Heylshofpark, Stephansgasse 9, 67547 Worms | **ÖPNV** Bus 401, 402, 430, 434, Haltestelle Marktplatz | **Tipp** Auch im Dom-Nordschiff gibt es noch Spuren einer früheren Direktverbindung zum Bischofspalast. Diese kann man sich bei einer Domführung zeigen lassen.

54 Das Generalsgrab im Park

Ein Weltenbummler wählt Worms zum Alterssitz

Mit dem römisch anmutenden Federbuschhelm auf Zepter, Schwert und Kreuz ruht ein Exot auf dem alten Wormser Friedhof. Das Gelände des heutigen Albert-Schulte-Parks diente seit 1840 als Friedhof und wurde ab den 1920er Jahren zum Park umgestaltet. Er ist nach einem mutigen Wormser SPD-Bürgermeister benannt, den die Nazis 1932 aus dem Amt drängten.

Grabherr Johann Georg Freiherr von Schäffer-Bernstein hat mindestens ebenso viel zu erzählen. Erst im Alter gelangte er nach Worms. Zuvor hatte er halb Europa durchquert, erst für, dann gegen Napoleon gekämpft und für die Engländer die amerikanische Unabhängigkeit bekämpft. Geboren wurde Schäffer 1758 im hessischen Rotenburg an der Fulda als Sohn eines Metzgers. Der Anblick von Blut machte ihn also nicht schwach. Mit 17 trat er ins Jägerkorps des Landesherrn Graf Friedrich II. ein, das 1776 für den englischen König Georg III. die aufmüpfige Kolonie Amerika zur Ordnung rufen sollte. Über militärische Verdienste und die Heirat mit Karoline von Mansbach, in deren Adern Blut derer von Bernstein floss, stieg Schäffer in den Adelsstand auf.

Seine Fähigkeiten, Jägerbataillone auszuheben, zu trainieren und auszurüsten, waren zur Zeit der Französischen Revolution und der Napoleonischen Kriege sehr gefragt. Solche Eliteeinheiten wurden als geländekundige, selbstständig agierende Pioniere der Infanterie vorausgeschickt. Schäffer diente in den Niederlanden und in Kroatien und nahm für Ludwig IX. von Hessen-Darmstadt westfälische Gebiete in Besitz. 1806 kämpfte er für seinen napoleonisch gesinnten Landesherrn in Spanien und später gegen die Preußen. 1810 kehrte er nach Westfalen zurück. Noch mit über 70 rüstete er von Worms aus die linksrheinischen Gebiete auf. 1830 wurde er Inhaber des großherzoglichen Leibregiments. 1838 starb er in Worms. Sein Sohn Friedrich von Schäffer-Bernstein brachte es zum hessischen Kriegsminister.

Adresse Albert-Schulte-Park, 67547 Worms | ÖPNV vom Bahnhof wenige Minuten zu Fuß | Tipp Da der Schulte-Park früher Friedhof war, sind auch andere Familiengrabanlagen – wie jene der Lederbarone Doerr und Reinhart in Form einer schlanken, neugotischen Kapelle – zu entdecken.

55__Die Geschäftsadresse Obermarkt

Was konnte Worms Vladimir Kagan geben?

Vladimir Kagan, der für seine fließenden, organischen und zugleich funktionalen Möbel berühmt wurde, ist in Worms geboren. Sein Vater kam 1914 aus Russland als Kriegsgefangener und eröffnete eine Kunsthandlung am Obermarkt. 1927 wurde sein Sohn Vladimir geboren. 1938 floh die Familie in die USA. Stolpersteine vor dem damaligen Geschäft, in dem heute die Eisdiele Adami untergebracht ist, erinnern an sie.

Kagan studierte Architektur an der Columbia University, trat in die Tischlerei seines Vaters ein und eröffnete 1947 einen Möbelladen in New York. 1970 verlagerte er den Showroom nach Manhattan. Kagans Möbelstücke wurden in Museen ausgestellt und von Prominenten wie Andy Warhol, Frank Sinatra oder Giorgio Armani gesammelt. Er hielt Vorlesungen über Möbeldesign und erhielt mehrere renommierte Designpreise. 2004 erschien seine Autobiografie, der zufolge er als Kind in Worms noch gar nicht erfasst hatte, warum er als Jude nicht in die Hitlerjugend eintreten konnte, hatte er doch alle einschlägigen NS-Lieder auf dem Akkordeon spielen können! Mit dem ihm eigenen Humor schrieb er weiter, die Regel seines Vaters – »Miss erst dreimal aus, bevor du schneidest!« – habe er konsequent missachtet. Lange bevor die Ergonomie aufkam, orientierten sich seine Sitzmöbel an der Biegung des Rückgrats.

2005 und 2012 besuchte Vladimir Kagan hochbetagt seine Geburtsstadt Worms, einmal auch zusammen mit seiner Schwester Tanya. Das städtische Museum erwarb eine von Kagans Vater 1933 gefertigte Anrichte. Bis zu seinem Tod mit 88 Jahren im Jahr 2016 führte Vladimir Kagan einen sehr lebendigen Blog auf seiner Webseite, die nach wie vor besteht.

Mittlerweile verlegte Künstler Gunter Demnig, unterstützt vom Wormser Verein Warmaisa, über 200 Stolpersteine in Worms.

Adresse Obermarkt 12, 67547 Worms | ÖPNV Bus 401, 402, 403, 404, 405, 408, 409, 435, 451, Haltestelle Adenauerring | Tipp Ein weiterer Stolperstein in der Schlossgasse erinnert an das Ehepaar Rosa und Dr. Fritz Gernsheim, einen bekannten Kinderarzt, Regiments- und Lazarettarzt im Ersten Weltkrieg. 1938 nahm sich das Paar das Leben. Ihre Tochter übersiedelte rechtzeitig in die Schweiz und überlebte.

56 Der Golem

Wurde der Superman des Mittelalters in Worms erfunden?

Was ist eigentlich ein Golem? Der schaurig-schöne Kinofilm »The Limehouse Golem« hat gezeigt: Ein Golem ist riesig und stark. Er beschützt die Hilflosen und erledigt, was getan werden muss. Und er wird mit Magie aus stetig wechselnden (hebräischen) Buchstaben und Zahlen hergestellt. Zum ersten Mal begegnet man der Idee von einem solchen Beschützer der Wehrlosen im Buch »Sefer ha-Schem« (Buch über die Namen Gottes) des Eleasar ben Juda ben Kalonymos (auch »Rokeach«) von Worms im 12. Jahrhundert.

Der Gelehrte Eleasar, der 1196 mitansehen musste, wie seine Frau und Töchter im eigenen Haus in der Judengasse (siehe Ort 88) erschlagen wurden, gibt Anweisung zum Bau eines Golems: »Es ist nötig, unberührte Erde zu nehmen. Von einem Platz, wo niemand gepflügt hat. Und er soll beginnen, die Alphabete in Zahlen umzusetzen und alle Gliedmaßen einzeln mit den entsprechenden Buchstaben aus dem Buch der Schöpfung zu verbinden.« Mit Hilfe der Elemente Feuer, Wasser und Luft werde sodann die Erde mit Leben erfüllt. Der Golem erwacht. In vielen Golem-Erzählungen gerät das Geschöpf außer Kontrolle und wird letztlich zur Bedrohung für den Menschen, der ihn erschaffen hat. Mit diesem Aspekt spielt auch die in den Elendsvierteln des viktorianischen London angesiedelte Erzählung »The Limehouse Golem« von Peter Ackroyd.

Im 16. Jahrhundert soll Rabbi Löw (Jehuda ben Bezalel Löw) einen Golem zum Schutz seiner Prager Gemeinde erschaffen haben, dessen Lehmreste angeblich auf dem Dachboden der dortigen Synagoge geblieben sind.

Das Jüdische Museum Worms erweiterte 2020 im Rahmen des Welterbe-Antrags der Städte Schpira/Speyer, Warmaisa/Worms und Magenza/Mainz (=Akronym »SchUM«) seine Sammlung, etwa um Interview-Ausschnitte, übersichtliche Schautafeln und Aufbauten. Spektakulär ist die Golem-Skulptur des amerikanischen Künstlers Joshua Abarbanel aus Buchstaben, eine Leihgabe für fünf Jahre.

Adresse Jüdisches Museum im Raschi-Haus, Hintere Judengasse 6, 67547 Worms | **ÖPNV** Bus 401, 402, 405, 408, 409, 410, 430, 431, 434, Haltestelle Untere Kämmerer Straße | **Öffnungszeiten** Di–So 10–12.30 und 13.30–16.30 Uhr | **Tipp** Der aus der Skulptur herausgelöste Buchstabe ist ein Aleph. Über die zugrunde liegende Buchstabenmystik gibt der Ausstellungsprospekt Auskunft.

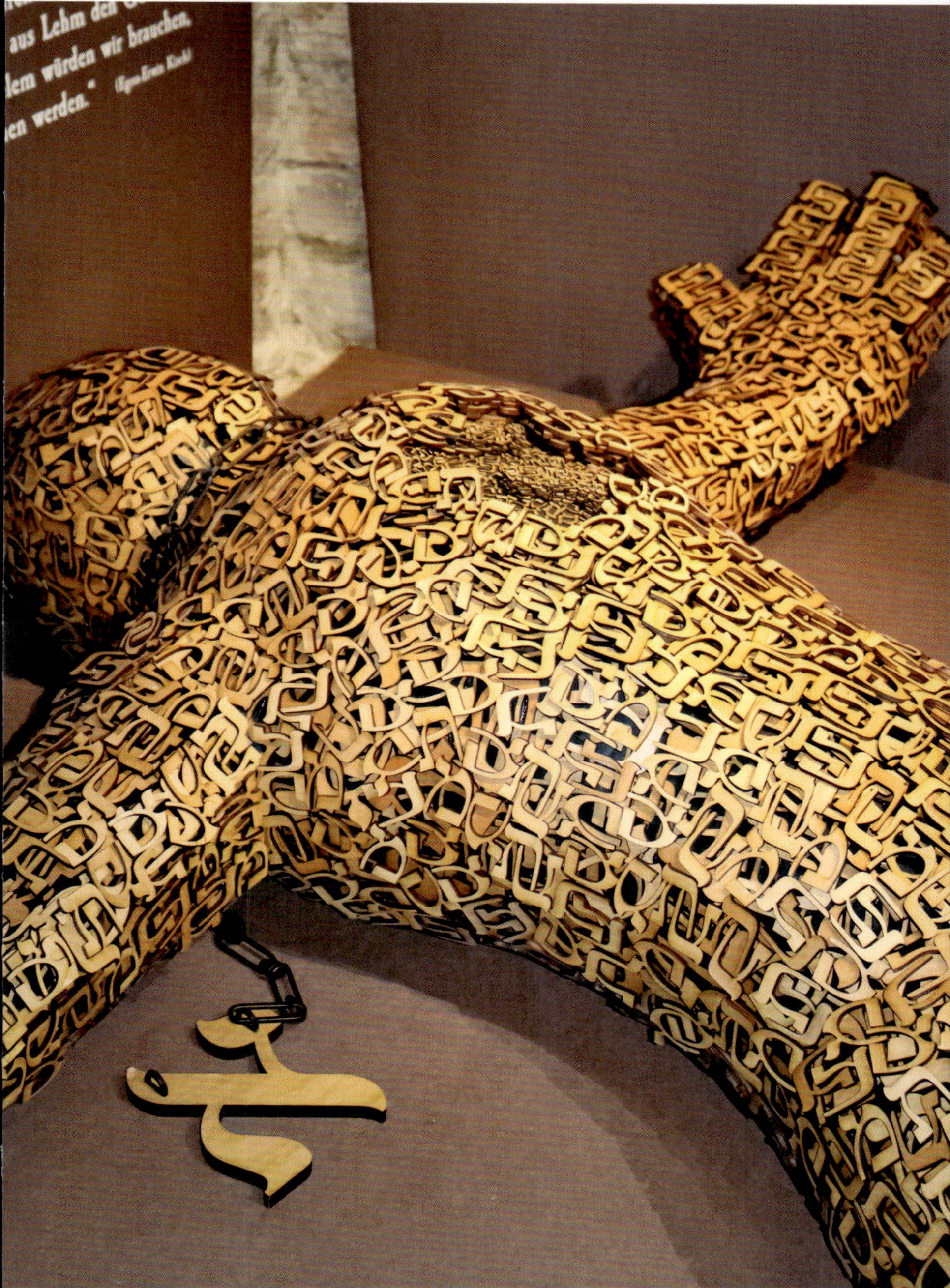

57_Graffiti im öffentlichen Raum

Gigantische Leinwand für »Kunst von unten«

In der Wormser Altstadt sind einige Hauswände mit künstlerischen Graffiti bemalt. Mythische wie historische Figuren treten uns in der Mähgasse in Kino-Leinwandgröße entgegen – ein Werk von »Fame-Drang« (Michael Vogt, Heidelberg). Touristen auf dem Weg zum Rhein können Gestalten der Wormser Geschichte wiedererkennen. In der Nachbarschaft (Pfalzgrafenstraße) ist noch mehr Fassadenkunst zu entdecken. Die Disco Infinity in der Friedrichstraße macht mit einem wandgroßen Graffito von »Moohee« (Muhittin Apay, Mannheim) auf sich aufmerksam, einer ornamentalen Kreation, die die bürgerliche Ästhetik nicht verschreckt. In einem Malprojekt von ALISA (siehe Ort 30) haben Kinder an der Kriemhildenbrücke ihrem Wunsch nach Frieden Ausdruck verliehen (Foto).

Immer mehr wird die einstige Street-Art Graffiti zur legalen Kunstform im städtischen Raum. Wien machte 2006 und München 2011 den Anfang für eine solche Kehrtwende, oft direkt nach einer restriktiven Strafverfolgung von Graffiti-»Schmierereien«. Bei Jugendprojekten und in der innovativen Gründerszene mittlerweile gang und gäbe, werden auch Sitzbezüge in Bussen und Bahnen deutscher Städte Graffiti-ähnlich bezogen – um so ihre »Verunstaltung« zu verhindern. Sprich: um nicht mit ähnlichen Mustern beschmiert zu werden.

Ist das nun ein Siegeszug? Zumindest wurde einem Kunst- und Geschmacksmonopol »von oben« eine Bewegung, deren Wurzeln im New Yorker Underground liegen, als gleichwertig an die Seite gestellt. Das ungeschriebene Gesetz, dass Hauswände und Garagentore keine Bilder tragen sollten, sondern monochrom zu sein haben, bröckelt allmählich. Der Weg zu einem Siegeszug einer Kunst »von unten« ist noch sehr weit, solange sich immer wieder der nachbarliche Druck durchsetzt, ein bunt bemaltes Garagentor zu übermalen. Worms ist eben nicht Manhattan – aber es besteht Hoffnung.

Adresse Kreisel vor der Kriemhildenbrücke/Friedrich-Ebert-Straße, 67547 Worms | **ÖPNV** Bus 407, 410, 431, Haltestelle Kriemhildenstraße | **Tipp** In der Bauhofgasse und ihrer Verlängerung, der Mähgasse, zeugen aufgegebene Gasthöfe und das Atelier Herrenhof von lebhafteren Zeiten. Das Straßenbild eignet sich fast als Filmkulisse.

58 Die Gullydeckel

Nur ein Gusseisen trennt Unter- und Oberwelt

Am Obermarkt lohnt ein Blick nach unten. Abgesehen von den Stolpersteinen gilt es, einen künstlerisch gestalteten Kanaldeckel zu entdecken, der die Passanten mahnt: »Vermeidet Abfall!« – und an die oft unsichtbare, aber im Wortsinn grundlegende Arbeit der städtischen Abfallentsorgung erinnert.

Unter dem Gullydeckel rauscht die Unterwelt des Wormser Kanalsystems. Nicht nur Abwasser, auch Regenwasser gluckert auf insgesamt 365 Kilometern zur Kläranlage. Den freien Fluss unterstützen 16 Hebeanlagen. Damit heute zuverlässig alles im Fluss bleibt, werden die Abflussrohre regelmäßig inspiziert und durch Hochdruckfahrzeuge gereinigt. Reparaturen werden mit Kameras und Kunststoffschläuchen (Inlinersystem) oder mit langsam härtendem Kunstharz durchgeführt. Aufgraben ist stets die letzte Option. Die ältesten Kanäle aus gebrannten Ziegeln stammen noch von 1890. Sie haben den Zweiten Weltkrieg überdauert. Nach dem Feuersturm von 1945 traten viele alte unterirdische Hohlräume zutage. Schon nach dem großen Stadtbrand 1689 sollen Überlebende jahrelang in den alten Kellern gehaust haben.

Gullydeckel verbergen diese Unterwelt vor dem Blick. Sie sind selbst zum Sammelobjekt von Hobbyfotografen geworden. Europäische Städte nutzen die Rundflächen, um ihr Wappen zu zeigen. Künstler überbieten sich mit modernen Gestaltungsideen. 2015 machte die Stadt Wien zum »Eurovision Song Contest« Kanaldeckel zu Lautsprechern. Auf dem Jahreskongress der Entwässerungsunternehmen wird jährlich der »Goldene Kanaldeckel« verliehen, um das Bewusstsein für die Bedeutung des Gewässerschutzes zu schärfen. Und die Frage, warum Gullydeckel rund sind, soll es in die Vorstellungsgespräche eines IT-Konzerns geschafft haben.

Oft machen Gullydeckel Schlagzeilen, wenn Eichhörnchen oder die berüchtigten Kanalratten darin steckenbleiben. Wie viele es von Letzteren in Worms gibt, lässt sich nur grob schätzen.

Adresse vor Bäckerei Theurer, Obermarkt 22, 67547 Worms | ÖPNV Bus 401, 402, 403, 404, 405, 408, 409, 435, 451, Haltestelle Adenauerring | Tipp Ein lohnenswerter Blick unter den Asphalt bietet sich auch an der Ecke Rheinstraße / Ludwigstraße, wo eine frühneuzeitliche Brücke über einen heute zugeschütteten Flussarm freigelegt wurde.

59 Der Innenhof Rotes Haus

Hochburg der Obrigkeitskritiker

»Fürchte Gott, damit du seelig und in Frieden sterben mögest«, mahnt der Doppelgrabstein für ein reformiertes Ehepaar des 18. Jahrhunderts. Johann Cornelius von der Mühl (1677–1744) aus Odernheim (damals reformierte Kurpfalz) wurde 67 Jahre alt, seine »tugendsame« Ehefrau Anna Sibylla von der Mühlin (sic!) geb. Eberhardtin (sic!) (1684–1754) aus Westhofen sogar 70. Anders als heute trägt die Ehefrau eine weibliche Form des Nachnamens – manches war im Barock eben vielfältiger als heute.

Zu entdecken ist der Stein im Hof der Friedrichskirche, die ab 1741 für die reformierte Gemeinde errichtet und nach Preußenkönig Friedrich II. benannt wurde. Seit dem 16. Jahrhundert gab es in Süddeutschland fast so viele Reformierte und Täufer (Calvinisten, Mennoniten) wie Lutheraner. Auch den Aufständischen der Bauernkriege war die reformierte Skepsis vor jeglicher Obrigkeit sympathisch. Der Wormser Stadtrat war schon 1526 rein lutherisch. Reformierte hatten keine Mitsprache-, Zunft- und Bürgerrechte. Erst auf Druck der Franzosen im Dreißigjährigen Krieg musste die Stadt 1644 bis 1650 eine reformierte Gemeinde dulden. Nach dem Abzug der Franzosen schloss sie sich 1654 mit der Gemeinde Neuhausen (Kurpfalz) zusammen. Erst 1699 wurden Reformierte als Bürger und in den Zünften von Worms zugelassen. Gegen Zahlung von 10.000 Gulden durften sie ihre eigene Kirche und Schule unterhalten. Stadtrat Johann Friedrich Seidenbender erhoffte sich davon wirtschaftlichen Aufschwung nach der Stadtzerstörung. Seit der Kirchenunion 1822 gehört die Friedrichsgemeinde zur Evangelischen Kirche in Hessen und Nassau (EKHN).

Mehr als hundert Jahre älter ist das Gemeindehaus, 1624 im Renaissance-Stil als Bürgerhaus errichtet und nach seiner Fassadenfarbe »Rotes Haus« genannt. Zur Skepsis gegenüber Machtstrukturen passt der Name durchaus. Die Friedrichsgemeinde engagiert sich sehr für multikulturelle Initiativen.

Adresse Friedrichsgemeinde, Römerstraße 76, 67547 Worms, www.friedrichskirche-worms.de | ÖPNV Bus 401, 402, 405, 408, 409, 410, 430, 431, 434, Haltestelle Römischer Kaiser | Tipp Die Friedrichskirche bietet für Vorträge und Konzerte eine gute Akustik.

60 Das Karlsplatz-Wunder

Glocken vertreiben Nazis

Das Lutherlied »Eine feste Burg ist unser Gott« prangt über den Säulen der Lutherkirche am Karlsplatz. Bis heute wird der wuchtige Jugendstilbau diesem Anspruch gerecht, auch gegen Feinde der Demokratie. Ein Demonstrationszug der Nationaldemokratischen Partei Deutschlands (NPD) erfuhr dies 2012, als er auf dem Karlsplatz ankam und die Sprecher ihre Megafone hervorholten. Da setzte urplötzlich vom Glockenturm der gegenüberliegenden Lutherkirche ohrenbetäubendes Geläut ein – und hörte nicht mehr auf. Gegen die dröhnenden Glocken kam keine menschliche Stimme an. Wütend sollen Demonstranten in die Kirche marschiert sein und von Pfarrer Fritz Delp verlangt haben, die Glocken abzustellen. Doch der berief sich auf sein Hausrecht – das war das Ende der Kundgebung.

Bundesweit erregte die Aktion, mittlerweile oft kopiert, Aufsehen. Fritz Delp wurde zum Botschafter des Bündnisses für Demokratie und Toleranz. Dass er sich gegen Rechtsradikalismus einsetzte, war kein Zufall, ebenso wenig die Namensgleichheit mit dem NS-Widerstandskämpfer Alfred Delp, denn der war sein Onkel. Jesuitenpater Alfred Delp war Mitglied des Kreisauer Kreises und wurde nach dem gescheiterten Hitler-Attentat am 2. Februar 1945 hingerichtet. Sein Neffe Fritz wurde 1955 in Lampertheim geboren und wuchs zunächst mit Anfeindungen auf. Denn die offizielle Entnazifizierung war eine Sache, die Lage in den Gemütern eine andere. Erst 1964, zum 20. Jahrestag des Attentats, wurde Delp mit einem Mal zum Helden des Widerstands. In der Schule sollte der neunjährige Fritz vom Onkel erzählen.

Die Beschäftigung mit der Bekennenden Kirche wies ihm seinen eigenen Weg. 2009 bis 2020 war er Pfarrer der Luthergemeinde Worms in der Tradition der Bekennenden Kirche. Schon deren Pfarrer August Eckhard war von den Nazis in ein Lager deportiert worden, wo er 1941 starb. An ihn erinnert eine Gedenktafel an der Kirche.

Adresse Friedrich-Ebert-Straße 45, 67549 Worms | ÖPNV Bus 408, Haltestelle Karlsplatz | Tipp Am Karlsplatz lässt es sich im Trödelladen »Alte Herrlichkeit« in Nostalgie schwelgen.

61 Die Karmeliter-Realschule

Warum in der Gymnasiumstraße kein Gymnasium steht

Ein Wormser Schüler, der 450 Jahre die Schulbank gedrückt hätte, könnte viel erzählen. Denn die erste Wormser Schule war die als Gegengewicht zur Bischofsmacht 1499 gegründete städtische Lateinschule im Haus »Zum Bären« in der Kämmererstraße. Unter dem Eindruck der Reformation folgten 1527 eine Schule im ehemaligen Franziskanerkloster am Marktplatz und 1565 das Gymnasium im Stift Sankt Cyriakus in Neuhausen. Katholisch war das Jesuitengymnasium der Domschule, ab 1713 in der Seminariumsgasse. Erst 1804 wurde die Schule überkonfessionell und 1810 auch von jüdischen Schülern besucht. 1811 bis 1813 unterrichtete der bekannte Pädagoge Adolph Diesterweg. 1879 wurde der Neubau in der Gymnasiumstraße/Ecke Goethestraße fertig. Die Schule besaß einen Gymnasial- und einen Realschulzweig.

Arbeitsrechtler Hugo Sinzheimer (siehe Ort 45) legte dort das Abitur ab und im Jahr 1897 auch erstmals ein Mädchen. 1899 gehörte Hermann Staudinger zu den Abiturienten, der 1953 den Nobelpreis für Chemie erhielt und seinerseits zum Namensgeber einer Wormser Schule wurde. 1905 zog der gymnasiale Zweig in den Nibelungenstil-Neubau an der Rheinbrücke um, die heutige Ernst-Ludwig-Grundschule. Der Schüler und Komponist Rudi Stephan verließ das Gymnasium ohne Abitur und fiel 1915 im Krieg. 1976 wurde das Gymnasium nach ihm benannt und zog vom Rhein um ins Schulzentrum Neuhausen.

In der Gymnasiumstraße hielt derweil 1978 die Karmeliter-Realschule Einzug. Seit 2011 eine von mehreren Wormser »Realschulen plus«, kooperiert sie mit der Staudinger-Hauptschule. Zunächst an zwei Standorten vertreten, bleibt die Gymnasiumstraße langfristig der einzige Standort und erhielt daher eine nagelneue Mensa und eine Aufstockung des Hauptgebäudes. Zu den ehemaligen Schülern der Karmeliter-Realschule zählen die SPD-Landtagsabgeordnete Kathrin Anklam-Trapp und der Bassist Ralf Gauck.

Adresse Goethestraße 10a, 67547 Worms | **ÖPNV** wenige Minuten Fußweg vom Bahnhof | **Tipp** Ein sehenswertes Schulgebäude im denkmalgeschützten Wormser Nibelungenstil ist die frisch renovierte Nibelungenschule in der Karl-Hofmann-Anlage, ebenfalls eine Realschule plus.

62 Das Kesselhaus

Akrobatik, wo die Turbinen dröhnten

In einer Mischung aus Neorenaissance und Neugotik prunkt das einstige städtische Kohlekraftwerk samt seinem ehemaligen Kesselhaus heute mit Ästhetik statt Leistung. Bis zu 150 Personen finden Platz in der Turbinenhalle. Nimmt man die angrenzenden Räume hinzu, dann ist genug Platz für die jährliche kleine Food-Messe und kulturelle Veranstaltungen. Technisch eine besondere Herausforderung ist das alljährliche Wintervarieté mit anspruchsvollem Sound und Beleuchtung, Kulinarik und Sicherheitstechnik für Akrobatik-Einlagen.

Der Impuls, eigenen Strom zu produzieren, ging 1899 von dem Vorhaben zum Bau einer Straßenbahn (der »Elektrischen«) aus. Allerdings zerschlugen sich die Pläne zunächst, wegen vertraglicher Differenzen mit der Allgemeinen Elektricitäts-Gesellschaft (AEG). 1901 wurde der Traum vom stadteigenen Elektrizitätswerk dann doch wahr. Die neue Turbinen- und Kesselhalle sowie das vom Stadtarchitekten Georg Metzler konzipierte Verwaltungsgebäude feierten ihre Einweihung. Zum Gebäudekomplex gehörten außerdem ein Kohlenschuppen, ein Maschinen- und Akkumulatorenhaus, ein Pumpenraum, eine Werkstatt und der heute noch erhaltene Schornstein.

Das Verwaltungsgebäude bot eine Wohnung für den Ersten Ingenieur (Betriebsleiter). Im Lärm der Turbinen wurden Mitte der 1920er Jahre bis zu 1,5 Megawatt Gleich- und 2,1 Megawatt Dreiphasen-Wechselstrom erzeugt, und zwar für Worms und rechtsrheinische Stromabnehmer. Mit der Weltwirtschaftskrise ging die Leistung zurück, und 1958 wurde das Stadtkraftwerk stillgelegt. Im nahen Mannheim-Neckarau steht bis heute ein weit leistungsfähigeres Kraftwerk.

2006 von Grund auf renoviert, ist das Kesselhaus auch private Fest-Location mit reichlich Parkplätzen. Bis heute sind Teile der Kommunalverwaltung im denkmalgeschützten Verwaltungstrakt untergebracht: die Finanzen und der kommunale Haushalt – das heutige Energiezentrum der Stadt!

Adresse Klosterstraße 23, 67547 Worms | ÖPNV Bus 409, Haltestelle Stadtwerke | Tipp Leider ist keine der Wormser Straßenbahnen geblieben, sondern allein das Nibelungenbähnchen für Touristen – und das wird per Brennstoffmotor betrieben!

63 Der Konzertsaal

Wo der Wormser Brahms erklang

An der Stelle des modernen Theaters stand im 19. Jahrhundert das neoromanische Spiel- und Festhaus. Der berühmte Wormser Komponist Friedrich Gernsheim (1839–1916) besuchte 1912 ein Konzert seiner Werke. Vom damaligen Konzertsaal stand 1945 nur noch der Mozartsaal. 1966 entstand daneben ein Neubau, der mittlerweile komplett saniert und 2011 als Theater, Kultur- und Tagungszentrum neu eröffnet wurde.

Gernsheim war ein Wunderkind. Mit elf Jahren schrieb er erste Kompositionen und gab in Frankfurt ein Konzert. Mit 13 studierte er am Konservatorium Leipzig. In Paris lernte er Camille Saint-Saëns und Gioachino Rossini kennen. Er unterrichtete in Köln und Rotterdam und war eng mit Brahms befreundet, von dessen Musik er beeinflusst wurde. Etwa 90 Werke hinterließ Gernsheim: vier Symphonien, eine Ouvertüre, Kammermusik. 1877 heiratete er in Worms Helene Herrnsheim. Gernsheim war Mitglied der Wormser Freimaurerloge, die noch heute besteht. Mit Cornelius Wilhelm von Heyl zu Herrnsheim rief er 1893 ein pfälzisch-hessisches Musikfest ins Leben. 1890 übersiedelte er als Leiter des Konservatoriums nach Berlin. Die Stadt Dortmund ehrte ihn mit einem zweitägigen »Gernsheimfest«.

Und was tat der berühmte Komponist in den Stunden, bevor das Konzert in der Heimatstadt begann? Er führte seinen Bekannten Samson Rothschild durch das Viertel seiner Kindheit und zeigte ihm sein Elternhaus zwischen Judengasse und Mainzer Tor. Auf dem Haus habe früher »Judengefängnis« gestanden. Juden, die den »Judenzoll« nicht bezahlen konnten, wurden hier festgehalten. Sein Großvater, der letzte »Judenbischof« von Worms, habe die Aufschrift 1793, nach dem Freiheitszug der Franzosen, mit dem Beil zertrümmert.

Es verwundert nicht, dass Gernsheims Werke unter den Nazis in Vergessenheit gerieten. Stück für Stück werden sie heute häufiger wieder aufgeführt, auch und gerade in Worms.

Adresse Das Wormser Theater, Kultur- und Tagungszentrum, Rathenaustraße 11, 67547 Worms | **ÖPNV** Bus 407, 410, 431, Haltestelle Kriemhildenstraße | **Tipp** Der Neubau des Wormser Theaters entstand um eine alte Rotbuche, die geschickt in seine geschwungene Form einbezogen wurde.

64 Die Kräuterthesen

Wo Luther bis heute »geistreich« wirkt

1521 wurde Martin Luther vor den Kaiser in die alte Reichsstadt Worms zitiert. So weit, so bekannt. Viele Stationen auf seinem Weg hat man ermittelt. Er kam von Oppenheim durchs Nordtor und wurde von neugierigem Volk empfangen. Das Tor steht zwar seit dem großen Stadtbrand von 1689 nicht mehr, doch ließ Stadtbaumeister Georg Metzler an seiner Stelle 1904 das Martinstor nach den Zeichnungen von Peter Hamman errichten. Im Erdgeschoss gibt es ein Delikatessengeschäft, in dem es den Likör »Luthers Kräuterthesen« nach altem Klosterrezept oder rundleibige »Martins« als Pasta zu kaufen gibt, neben Wein und Spezialitäten. Wo übernachtete Luther in der überfüllten Stadt? Eine Gedenktafel in der Hafergasse verrät es: in einem Gebäude, in dem heute noch ein Maklerbüro Wohnraum anbietet. Sein Retter, Kurfürst Friedrich der Weise von Sachsen, stieg wohl etwas repräsentativer in der Kämmerer Straße ab.

Vom 16. bis 26. April hielt sich Luther in Worms auf, hin- und hergerissen zwischen Angst und Gewissen. Am ersten Tag vor dem jungen Kaiser kam er noch zu keinem Entschluss. Er brauchte und bekam 24 Stunden Bedenkzeit. Am zweiten Tag verweigerte er den Widerruf mit Berufung auf die Heilige Schrift und die Fehlbarkeit mancher Päpste. Erst in der Druckerei wurde daraus das griffige »Hier stehe ich. Ich kann nicht anders«. Luther brachte zwar die Reichstagesordnung durcheinander, doch war man sich der historischen Tragweite seiner Verweigerung damals nicht bewusst. Dass Luther überlebte, verdankte er Friedrich dem Weisen. Denn da auf das zugesicherte freie Geleit kein Verlass war, ließ ihn der Sachse kurzerhand entführen und auf die Wartburg bringen. Vogelfrei unter dem falschen Namen Junker Jörg, übersetzte Luther dort die Bibel in die Volkssprache des damaligen Deutsch – ein Beitrag zu deren Vereinheitlichung. Um weiter auf den Spuren des großen Martin Luther zu wandeln, lässt sich auch eine Lutherführung bei den Wormser Gästeführern (über die Tourist Information) buchen.

Adresse Restaurant-Shop Martinspforte, Kämmerer Straße 60, 67547 Worms | **ÖPNV** Bus 408, 410, 430, 431, Haltestelle Untere Kämmerer Straße | **Tipp** Mit der kostenlosen App-Erweiterung »Worms erleben« können Worms-Besucher die Geschehnisse mittels Augmented Reality nacherleben (AppStore, Google Play Store).

65 Der letzte Bauernhof

Landwirtschaft in der Stadt im Klimawandel

Ein letzter kleiner Hof steht mitten in Worms, in der Kleinen Riesengasse, verlassen und unrenoviert. Das Gemäuer mit dem alten Kaugummiautomaten wirkt fast wie die Kulisse eines Nachkriegsfilms. Landwirtschaft in der Stadt, gibt es das? Innerhalb der Wormser Gemarkung wird bis heute sehr wohl Landwirtschaft betrieben: 63 Prozent des Gebiets werden landwirtschaftlich genutzt, 50 Prozent für den Weinbau – bundesweit ist Worms die drittgrößte Weinbaugemeinde –, der Rest für Zuckerrüben, Kartoffeln und Getreide. Mindestens zehn Prozent werden nach ökologischen Prinzipien bewirtschaftet – zu wenig angesichts des Klimawandels, meinen manche Fachleute.

Rheinhessen ist heute schon eine der wärmsten und trockensten Gegenden Deutschlands. Und seriöse Prognosen sagen einen Anstieg der Temperaturen, der Hitzetage, aber auch von Starkregen voraus. Ausgetrocknete Böden, vor allem mit hohem Tonanteil, sind schlecht zu bearbeiten. Wormser Böden bestehen aus verschiedenen Lehmzusammensetzungen. Zur klimagerechten Landwirtschaft bei hoher Erosionsgefahr gehört, quer statt längs des Hangs zu pflügen oder Zwischenfrucht zu säen. Tiefe Lagen in Rheindürkheim und Ibersheim sind hochwassergefährdet und brauchen Sickerflächen. Weinblätter wachsen rascher, Trauben reifen früher. All dies verlangt häufiger Eingriffe des Menschen. Höhere Kosten entstehen für Bewässerung und Maschinen mit höherer Leistung, um kürzere Zeitfenster der Bearbeitbarkeit zu nutzen. Trockene Sommer und milde Winter begünstigen neuartige Schadorganismen wie die asiatische Kirschessigfliege, die zu Totalverlusten der Traubenernte führen kann. Drahtwürmer bedrohen Kartoffeln und Getreide. Wem die zunehmenden Blühstreifen im Feld auffallen, der sieht ökologische Prinzipien umgesetzt, denn sie dienen der Biodiversität. Worms hat zwar ein Klimakonzept, die Umsetzung verantworten aber die Winzer und Landwirte.

Adresse Kleine Riesengasse 11, 67547 Worms | ÖPNV Bus 409, 410, 431, Haltestelle Nibelungenmuseum | Tipp Vom Bauernhof sind es nur ein paar Schritte zum Nibelungenmuseum an der Stadtmauer, das vor allem jungen Menschen die »wormserischste« aller Sagen näherbringt.

66 Lieblingsbaum im Wäldchen

Zum Baumumarmen und Waldbaden

Wer jeden Morgen im Wormser Wäldchen joggen, den Hund ausführen oder seinen Lieblingsbaum umarmen geht, dem fallen die vielen Veränderungen über die Jahre gar nicht mehr auf. Dabei hat der Stadtpark eine erstaunliche Bebauungsgeschichte hinter sich. Ursprünglich hieß das Wäldchen »Lustwäldchen« und war von Statuen und Kunstwerken bevölkert, auch von Johannes Hirts Hagenstatue. Eigentlich sollte sie in einem Rosengarten stehen, der große Teile der Fläche eingenommen hätte, die heute alljährlich zur Mittelalterwiese des »Spectaculum« wird. Verschiedene Entwicklungen verhinderten den Rosengarten jedoch, der nun stattdessen im Gefolge Hagens an den Rhein gezogen ist (siehe Ort 76).

Unter den jahrhundertealten Laubriesen im Stadtgarten haben viele Spaziergänger einen Lieblingsbaum. Mich zieht es an eine diagonal gewachsene Eiche, ein Naturdenkmal mit Sitzbank. Für Eichen typisch, hat sie sich trotz bizarr gekrümmter kleinerer Äste und mehrerer großer Schnitte zu einer harmonischen Silhouette entfaltet – ein Sinnbild für unbeirrbare innere Balance. Äußerlich wirkt die Eiche dramatisch wie ein in Holz erstarrter Blitz. Ringsum ist stets Leben: Kinder kreischen auf der Reifenschaukel des nahen Spielplatzes, Skater brettern über die Halfpipe. Das heute 28 Hektar umfassende Grüngelände des Stadtparks wurde Ende des 19. Jahrhunderts vom Stadtgärtner Heinrich Beth als englischer Garten angelegt, der im Jahre 1899 auch mit einem Gedenktext auf einem Findling geehrt wurde. Wer nach diesem etwas versteckten Gedenkstein suchen möchte, dem sei verraten, dass der Findling Teil einer eigenen kleinen Baumanlage ist.

Fürs »Waldbaden«, einen geradezu therapeutischen Aufenthalt im Wald, ist das Wäldchen allerdings zu belebt und vielleicht auch zu licht. Das lässt sich besser in den angrenzenden Wäldern rund um die Bürgerweide erleben.

Adresse Ludwigslust 1, 67547 Worms | Anfahrt Parkplätze vor der Parkwirtschaft und dem Tierpark vorhanden | Tipp Der Mittelaltermarkt Spectaculum zieht jedes Jahr im Mai Zehntausende aktive Mittelalterfans aus ganz Deutschland an. Die Buden sind nach der Zeit, die sie darstellen, chronologisch geordnet.

67_Die Mikwe

Das Bad der Frauen

Die Wormser Mikwe ist eigentlich ein neun Meter in die Tiefe gebauter Turm mit Zugang zum Grundwasser. Errichtet hat sie der Vater der Stifterin der Frauenschul, Judith, im Jahre 1185. Die Temperatur beträgt im Sommer wie im Winter acht bis zehn Grad. Im Judentum bedeutet das dreimalige Untertauchen in »lebendigem« Wasser (also nicht in stehendem Gewässer) eine rituelle Reinigung. Vor dem Sabbat oder einem Feiertag, nach einer Geburt, der Menstruation oder vor der Hochzeit war das Bad in der Mikwe vor allem ein Ritual der Frauen. Aber auch Männer suchten sie zur rituellen Reinigung auf. Die Wormser jüdische Gemeinde galt im Hochmittelalter als »heilig«, was in Israel bis heute bekannt ist. Zur Bauzeit der Mikwe, aus der sich noch Putz und Mörtel erhalten haben, führte wohl ein Gang aus einem früheren Bau neben der Synagoge zum Ritualbad. Die Mikwe wurde bis ins 19. Jahrhundert durchgängig genutzt. 1938 und 1942 erlitt sie Zerstörungen, wurde 1957 restauriert und zur Besichtigung geöffnet. Man findet sie im Synagogengarten rechts vom Eingang (Foto: Synagogengarten mit Raschi-Statue).

2014 ergab ein Gutachten akuten Renovierungsbedarf. Risse und statische Probleme durch seitlichen Erddruck, eindringendes Wasser und Kondensat, Korrosion des Mörtels, Keime in der Luft und schädliche Mikroorganismen verlangten die sofortige Schließung. Eine Infostele am Eingang will dafür entschädigen. Für eine schonende Restaurierungsmethode wird interdisziplinär geforscht, Ausgang und Dauer der Arbeiten sind noch offen. Von allzu »harten« Eingriffen ist man abgekommen. Am elegantesten wären naturwissenschaftlich basierte, für Besucher kaum wahrnehmbare Eingriffe. Man versuchte es mit speziellem Licht, um Mikroorganismen zu bremsen. Eine innovative und nachhaltige Lösung würde auch am besten zur Bedeutung des Welterbes der SchUM-Städte Worms, Mainz und Speyer passen.

Adresse Synagogenplatz, 67547 Worms | ÖPNV Bus 408, 410, 430, 431, Haltestelle Untere Kämmerer Straße | Tipp Der Welterbeantrag der SchUM-Städte hat den Recherchen zum jüdischen Erbe in Worms und der Kooperation mit Speyer und Mainz bei der wissenschaftlichen Auswertung der gemeinsamen Geschichte starken Auftrieb gegeben.

68 Das Modell der Stadt

Mit dem Finger aufs Domdach

Bevor man eine neue Stadt erkundet, betrachtet man einen Plan zur Orientierung. Doch was, wenn man nicht sehen kann? Man kann sich auch übers Tasten orientieren, das Prinzip bleibt das gleiche. Egbert Broerken, ein Bildhauer aus Soest, fertigt Stadtmodelle für Blinde und Sehbehinderte. Das erste Tastmodell gab es in Münster, mittlerweile sind es über 120. Eines steht seit 2014 auf dem Parmaplatz: eines von drei Modellen, mit deren Hilfe Worms mit den Fingerkuppen begehbar ist.

Dem aufmerksamen Betrachter wird auffallen, dass manche Dachvolute im Verhältnis überdimensioniert wirkt. Schließlich sollen die Finger auch Formen von Türmen und Dächern deutlich ertasten. Auf dem Fingerspaziergang lässt sich die Anordnung von Straßen und Plätzen so ertasten, dass dies die Orientierung beim Stadtrundgang erleichtert. Größenunterschiede zwischen Häusern und Kirchen sowie verschiedene Architekturstile sollen erfahrbar sein, um so die Stadtgeschichte sinnlich zu verankern. Broerken schildert es als immer wieder berührenden Moment, wenn Blinde zum ersten Mal ihre Stadt im Modell ertasten, deren Mauern sie zwar berühren, deren Dimensionen sie aber noch nicht haben »begreifen« können. Wie beim Stadtplan geht es nicht ohne die Beschriftung wichtiger Straßen, Plätze und Gebäude: in Braille (Blindenschrift).

Am Bronzemodell arbeiten der Künstler und sein Sohn anhand von Karten und Fotografien, auch 3-D-Aspekte werden berücksichtigt. Zuerst wird ein Wachsmodell erstellt, das anschließend in Bronze gegossen wird. Im Fall des Wormser Modells wurden auch entferntere Sehenswürdigkeiten wie die Nibelungenbrücke, der Karlsplatz und die Liebfrauenkirche als zusätzliche »Inseln« auf dem Sockel hinzugefügt. Broerken hat für Worms zwei weitere Tastmodelle für Blinde angefertigt. Auf dem Lutherplatz steht ein Miniatur-Reformationsdenkmal und vor dem Domsüdportal ein Modell des Doms.

Adresse Parmaplatz, 67547 Worms | ÖPNV Bus 401, 402, 403, 404, 405, 408, 409, 435, 451, Haltestelle Adenauerring | Tipp Für Sehende bietet das städtische Museum Andreasstift ein beleuchtbares Modell von Worms vor 1689.

69 Der neue Teil des jüdischen Friedhofs

Der erste jüdische Bürgermeister Deutschlands

Das »Stop-and-go« der jüdischen Emanzipation des 19. Jahrhunderts zeigt sich im Leben des ersten jüdischen Wormser Bürgermeisters Ferdinand Eberstadt (1808–1888). Er war 1849 der erste Jude in einem deutschen Bürgermeisteramt. Eberstadt war erfolgreicher Textilgroßhändler in der Kämmerer Straße und im Vorstand des Komitees, das im März 1848 eine Eingabe für Bürgerrechte an den Großherzog in Darmstadt richtete. Zudem mischte er sich als Vorstand der israelitischen Gemeinde in die Debatte um Reformen im Judentum ein. Dabei ging es auch um die Deutschsprachigkeit und die Gegenwart von Frauen in der Synagoge. Die demokratiefreundliche Stimmung von 1848 begünstigte auch die jüdische Emanzipation. Eberstadts Ernennung zum Bürgermeister erregte bundesweit Aufsehen. Eine Wochenzeitung in Altona jubelte: »Worms ist die erste deutsche Stadt, deren Bürgermeister ein Jude ist.« Bei seinem Amtsantritt äußerte Eberstadt, dies sei der schönste Tag seines Lebens.

Doch schon im Jahr 1850 war es damit vorbei. Eberstadt wurde im sogenannten Rheinischen Hochverratsprozess als »intellectueller Urheber« erpresserischer Nötigung angeklagt und vorübergehend suspendiert. Auch wenn er im Oktober 1850 freigesprochen und hernach in den Gemeinderat gewählt wurde, brach er 1852 seine Zelte ab und siedelte ins liberale Mannheim über. Dort wurde er zum Herausgeber der »Neuen Badischen Landeszeitung«. Auch Rabbiner Abraham Adler, Begründer der »Neuen Wormser Zeitung«, wurde Opfer der Reaktion. Er wurde verhaftet, angeklagt und begnadigt, verlor darüber aber den Verstand. Marcus Edinger blieb trotz antisemitischer Stimmung bis 1878 im Gemeinderat. Heute zeugen die Gräber der Adlers, Edingers und anderer auf dem neueren Teil des »Heiligen Sand« vom selbstbewussten Optimismus vor der Reaktion. Allein Eberstadt ließ sich in Mannheim begraben.

Adresse Jüdischer Friedhof Heiliger Sand, Willy-Brandt-Ring 21, 67547 Worms | ÖPNV Bus 404, 435, Haltestelle Hochstift | Tipp Die »Wormser Zeitung«, eines der frühen deutschen »Intelligenzblätter«, gab sich den 1848er-Ideen gegenüber nicht sehr aufgeschlossen. Bis heute erscheint die einzige Wormser Tageszeitung unter diesem Namen.

70 Die Nibelungenmühle

Hier arbeitete die spätere Giftmischerin

Niemand wird als Mörder geboren, auch nicht Christa Lehmann, die »Giftmörderin von Worms«. 1922 in eine arme Wormser Familie geboren, arbeitete sie blutjung in der Nibelungenmühle, später bei den Heylschen Lederwerken und der Hoechst IG Farben. Ihren Mann, Karl Franz Lehmann, heiratete sie mit 22 und bekam drei Kinder. War er betrunken, schlug er sie. Er fürchtete, seine hübsche Frau werde ihn eines Tages verlassen, doch selbst betrog er sie.

Irgendwann war Franz wegen des Alkohols nicht mehr in der Lage, sein Fliesengeschäft zu betreiben. Seiner eigenen Mutter, Christas Schwiegermutter, rutschte eine Bemerkung heraus, an Christas Stelle »täte sie ihm was ins Essen«. Als die Tyrannei durch den Ehemann und auch den Schwiegervater, der im selben Haus wohnte, unerträglich wurde, erinnerte sich Christa daran und besorgte sich das Pestizid E 605, ein geruchs- und geschmackloses Gift, das damals noch nicht forensisch nachweisbar war. Sie mischte es Franz in die Milch.

»Magengeschwürdurchbruch« diagnostizierte der Arzt nach seinem Tod. Doch wenn Christa Lehmann hoffte, die Tyrannei sei damit überstanden und sie könne mit ihrer Freundin Annie nun öfter ausgehen, hatte sie sich getäuscht. Ihr Schwiegervater und Annies Mutter wurden zu den neuen Tugendwächtern der jungen Frauen und machten ihnen das Leben zur Hölle. E 605 erledigte auch den Schwiegervater, der tot vom Rad fiel. Doch als Annies Mutter an die Reihe kam, ging es schief. Ausgerechnet Annie aß die für ihre Mutter gedachte vergiftete Praline. Alles flog auf. Erbarmungslos gingen die Medien mit der Mörderin um, über deren Leben jüngst ein Roman erschienen ist. Die Liebe ihrer Kinder verlor Christa Lehmann jedoch nicht, trotz jahrelangen Kontaktverbots. Nach 23 Jahren Haft und mehreren Suizidversuchen wurde sie mit neuer Identität entlassen. Von späteren Kolleginnen soll sie geschätzt worden sein.

Adresse Hafenstraße 8, 67547 Worms | **ÖPNV** Bus 406, 431, 432, Haltestelle Bensheimer Straße | **Tipp** Der Jugendstilbau der Nibelungenmühle, 1920 errichtet, wurde ansprechend renoviert, doch der Betrieb der Mühle im Jahr 2017 eingestellt.

71 Der Nibelungenteppich

Naziteppich oder Denkmal?

Wer im oberen Foyer des Wormser Theaters seine Pause bei einem Sekt genießt, dem fällt sicher der monumentale Wandteppich mit Nibelungenmotiven auf 6 mal 15 Metern auf. Das Stück in seiner eigenwilligen Ästhetik wurde 1963 von der Bildteppichmeisterin Edith Müller-Ortloff in Meersburg am Bodensee gewirkt, nach einem Entwurf des umstrittenen Kunstprofessors Hermann Kaspar, der beste Kontakte zu Goebbels und Speer unterhalten hatte. Textilkünstlerin Müller-Ortloff wurde 1911 geboren und vor allem vom nüchternen Bauhausstil inspiriert. Seit den 1940ern betrieb sie ein Atelier in Magdeburg, seit 1947 auch eines in Meersburg. International erhielt sie Aufträge für Gobelins. Seit ihrem Tod 1995 führt ihre Tochter Baya-Renate Schultze-Ortloff das Atelier weiter.

Dass der Teppich, fürs Festspielhaus von 1966 angefertigt, auch im Neubau von 2011 hängt, ist einer umfangreichen Restauration zu verdanken. Das Textil hatte sich durchs Hängen ausgedehnt und musste »umgeklappt« werden, um es nicht abschneiden zu müssen. Man wollte etwas vom Flair des alten Festspielhauses bewahren, wie auch die Ästhetik des Theatersaals – bei aller Skepsis gegenüber Kaspar. Die einen wollten den »Naziteppich« gar nicht mehr ausrollen, die anderen sahen ihn als Denkmal und setzten sich durch.

Neben Motiven aus der Nibelungensage wie Siegfrieds Tod zeigt der Gobelin die drei Riesenfiguren von Embede, Warbede und Wilbede als »drei Nornen«. Sie spinnen den Faden, an dem das Schicksal der nibelungischen Protagonisten hängt, und schneiden ihn ab. Ob wirklich alles zum Untergang vorherbestimmt war, hinterfragen die Nibelungenfestspiele jedes Jahr aufs Neue. Übrigens gehören die drei »Beden« eher in den keltischen als in den germanischen Kulturraum (siehe Ort 91). Wie viel Propaganda verträgt die Kunst? Inwiefern steht die Kunst ungeliebter Epochen für sich? Wer in der Pause darüber nachsinnt, hat schon vom Theaterbesuch profitiert.

Adresse Rathenaustraße 11, 67547 Worms | ÖPNV Bus 407, 410, 431, Haltestelle Kriemhildenstraße | Tipp Für die Theaterpause kann man sich Getränk und Brezel an nummerierten Stehtischen reservieren lassen. Ansonsten heißt die integrierte Restaurant-Bar »Hinz & Kunz« Gäste vor und nach der Vorstellung willkommen.

72 Das Nibelungenviertel

Wo der erste Festspiel-Intendant wohnte

Nicht viele Wormser können sagen, wo das Nibelungenviertel liegt. Denn nicht alle Straßen lauten nibelungisch. Doch bildet die Hagenstraße die eine Grenze, die Gibichstraße eine andere, die Gernotstraße eine dritte. In diesem Viertel bezog auch der erste Intendant der Nibelungenfestspiele Quartier.

Seit 2002 arbeiten die Festspiele den »urdeutschen« Stoff kreativ-kritisch auf, mal provokant, mal nah am mittelalterlichen Lied, stets innovativ und immer weniger beirrt von der Indienstnahme durch die Nazis – man denke nur an die Festspiele 1937 bis 1939 mit Goebbels-Rede. Die Festspielidee ist nicht neu, wohl aber ihre Konstanz. 2003 bis 2014 hieß der Intendant Dieter Wedel, seither ist es Nico Hofmann. Dass er im ersten Festspieljahr 2002 Dr. Klaus Naseband hieß, wird heute kaum je erwähnt.

Das liegt daran, dass der promovierte Germanist, Sprachwissenschaftler und künstlerische Direktor am Deutschen Schauspielhaus Hamburg den Festspiel-Etat trotz ausverkaufter Vorstellungen weit überzog. Die Stadt musste einen stattlichen Betrag an Schulden aufnehmen. Man hatte die technischen Anforderungen an ein Open-Air-Spektakel solchen Anspruchs offenbar unterschätzt. Buchstäblich über Nacht gelang es Regisseur Wedel mit Hilfe der Profitechnik des ZDF, die Premiere zu retten – der Auftakt des »Wunders von Worms«, als das diese Festspiele oft bezeichnet werden.

Schon die erste Spielsaison wurde im Fernsehen übertragen und so über Worms hinaus deutschlandweit bekannt. Hernach ging Naseband, Wedel wurde Intendant und später auch Regisseur in Personalunion. Heute ist Naseband nach einem Zwischenspiel beim Augsburger Märchenkönig-Musical »Ludwig« Dramaturg und Dozent an einer Privatakademie. Das Haus im Nibelungenviertel, das ihm zur Verfügung stand, wird anderweitig bewohnt. Und der städtische Festspiel-Zuschuss wurde auf maximal 1,5 Millionen Euro festgelegt.

Adresse Nibelungenviertel, 67547 Worms | ÖPNV Bus 409, Haltestelle Mathildenplatz | Tipp In einigen Inszenierungen der Nibelungenfestspiele, zuletzt 2018 und 2019, wurde die Vorherbestimmtheit des Untergangs vehement bestritten. Alternative Plots wurden durchgespielt, ein richtiges Happy End hat es bislang jedoch noch nicht gegeben.

73_Der Park des Mario-Adorf-Preises

Promi-Preisverleihung an beste Darsteller

Der Park zwischen Heylsschlösschen und Museum Heylshof wird zu den Nibelungenfestspielen das »schönste Theaterfoyer Europas« genannt. Am letzten Festspieltag wird hier der Mario-Adorf-Preis für die beste schauspielerische Leistung an ein Ensemble-Mitglied verliehen. 2018 errang ihn Ursula Strauss für ihre Brünhild. 2019 wurde Lisa Hrdina für ihre Darstellung des aufbegehrenden Ortlieb geehrt, 2021 Barbara Colceriu für ihre überzeugende Darstellung des Friedrich von Sachsen. Und was verbindet Mario Adorf mit Worms?

Adorf spielte schon 2002, zum Auftakt der Nibelungenfestspiele, einen unvergesslichen Hagen. Er hatte mit dem aus Worms stammenden Hans Werner Kilz, ehemals »Süddeutsche«- und »Spiegel«-Chefredakteur, und dessen Frau, »Spiegel«-Redakteurin Bettina Musall, den Anstoß zu den Festspielen gegeben und stiftete einen Schauspielerpreis in Form eines gläsernen Drachens. Nachdem die Stadt Worms die Intendanz der Festspiele 2003 Regisseur Dieter Wedel angetragen hatte, zog sich Adorf zurück und kam erst unter Intendant Nico Hofmann (ab 2015) wieder ins Boot. Er stieg ins Kuratorium ein und belebte den nach ihm benannten Preis neu. Mittlerweile über 90 Jahre alt, aber nach wie vor sprühend vor Charme, hält er sich gern zur Festspielzeit in der Nibelungenstadt auf und bestreitet, etwa mit dem Verein der Freunde und Förderer der Festspiele, gesellige Nachmittage, zu denen er publikumswirksam aus dem Nähkästchen plaudert oder aus seinen Memoiren liest.

Der Mario-Adorf-Preis wird in Worms jedes Jahr aufs Neue überreicht. Er ist mit 10.000 Euro dotiert, die von der Wormser Unternehmerfamilie Christ zur Verfügung gestellt werden. Die Trophäe in Form einer mit einem Drachen geschmückten Stele nach einem Entwurf von Hendrik Dorgathen wird vom Mainzer Glashersteller Schott produziert – also ein Gesamtprodukt der Region.

Adresse Heylshofpark, Stephansgasse 9, 67547 Worms | ÖPNV Bus 401, 402, 430, 434, Haltestelle Marktplatz | Tipp Die Freunde und Förderer der Festspiele veranstalten für ihre Mitglieder Treffen mit dem Ensemble, erhalten häufig Einblick in eine Probe und besuchen andere Open-Air-Festspiele. Mitglied werden kann man auch direkt auf einer Veranstaltung.

74 Die Partnerschaftswappen

Konzerte statt Aufmärsche

Gar nicht so alt ist der »Platz der Partnerschaft« vor der Dom-Westseite, wo sich bis 1935 die Stallungen des Heylshofs befanden. Die Nazis rissen sie ab und legten einen Platz für Aufmärsche an: den »Platz der Nation« mit Reliefs zur Wormser Geschichte. Heute beschwören die Wappen Wormser Partnerstädte eine friedliebende Stadt. Ningde in China, seit 2014 Partnerstadt, fehlt noch. Die weiteren Reliefs zeigen Figuren der Nibelungensage, Luther, die Dreifaltigkeitskirche, Domerbauer Bischof Burchard sowie die Alte Münze vor 1689.

Für Theater und Konzerte eignet sich der Platz: Die Fläche vor dem Dom liegt einen Meter tiefer als der obere Teil. Zu den Pure-Jazz-Konzerten des Festivals »Worms: Jazz and Joy« wird oben bestuhlt, unten ist Raum für Gastronomie und Gespräche, die das Hörerlebnis nicht stören. Die Musiker haben den Dom-Westchor im Blick (Foto), die Zuschauer die Stadtmauer mit dem weißen Turm und dem erst 1935 durchgebrochenen Mauerpförtchen. Mehrfach nutzten auch die Nibelungenfestspiele diese Kulisse.

Den Partnerstädten sind in Worms weitere Plätze gewidmet: Auxerre beziehungsweise St. Albans die Plätze vor und hinter dem Bahnhof, Bautzen der Platz an der alten Woogbrücke, Parma der Platz neben dem Lutherplatz, Mobile ein Teil der Prinz-Carl-Anlage und Tiberias der Platz vor dem Theater. Mit der Technologiestadt am See Genezareth verbindet Worms eine der lebhaftesten Partnerschaften: Regelmäßig besuchen Delegationen einander, junge Musiker kommen zum Jazz-and-Joy-Festival. Der Partnerschaft mit Ningde (Fujian) am Ostchinesischen Meer ebnete die Wormser Hochschule den Weg, die mit 180 Universitäten weltweit im akademischen Austausch steht (siehe Ort 77). Die Sanduao-Bucht bei Ningde gilt als tiefster natürlicher Hafen der Welt. Beliebte Spezialitäten in Ningde sind Meeresfrüchte, Pilze und grüner Tee, der auch in Worms viele Freunde hat.

Adresse Platz der Partnerschaft, 67547 Worms | ÖPNV Bus 401, Haltestelle Domplatz | Tipp Ein weiteres Zeugnis, wie man in Worms mit schillernden Relikten der Vergangenheit umgeht, ist die Bismarckstatue, die nach langem Lagerdasein im Verborgenen nun wieder im Heylshofpark aufgestellt wurde.

75 Das Relief Kaiserhochzeit

Der exotischste aller Kaiser heiratete in Worms

Ein deutscher Kaiser, der besser Arabisch als Deutsch sprach, auf Sizilien groß wurde, ein Buch über die orientalische Falkenjagd schrieb und sich König von Jerusalem nannte, kam nach Worms zur Vermählung. Isabella Plantagenet, seine Braut, war Tochter des englischen Königs Johann Ohneland, Nichte von Richard Löwenherz. Es war die vierte Ehe des 41-jährigen Kaisers, der nicht zimperlich war, was Menschenexperimente oder den Umgang mit dem eigenen Sohn anging. Die Braut, Isabella, war 21 Jahre alt.

Damit die Wormser etwas von ihren »Royals« hatten, bot man ihnen einen Prachtumzug bis zum Dom. Chronist Gottfried von Viterbo schwärmte: »Er aber fuhr, wie es der kaiserlichen Majestät geziemt, in großer Pracht und Herrlichkeit einher, mit vielen Wagen, beladen mit Gold und Silber, Batist und Purpur, Edelsteinen und kostbaren Geräten, mit vielen Tieren, nämlich Kamelen und Dromedaren, angeführt von Sarazenen, die verschiedener Künste kundig waren, schließlich Affen und Leoparden, geführt von Äthiopiern.«

An diese royale Hochzeit erinnert nicht nur das Relief am Rathaus (Foto), sondern auch eine Darstellung auf dem Schicksalsrad-Brunnen von Gustav Nonnenmacher auf dem Obermarkt. Kaum etwas erinnert dagegen an das Schicksal von Kaisersohn Heinrich VII., der als deutscher König beim kaiserlichen Vater Friedrich II. in Ungnade fiel. Kurz vor der Anwesenheit Friedrichs in Worms unterlag Heinrich, der als Erster stolz drei Löwen im Stauferwappen geführt hatte, bei Wimpfen im Kampf und wurde gefangen genommen. Zur Hochzeit des Vaters mit der Braut, die auch einmal für den Sohn im Gespräch gewesen war, schmachtete Heinrich im Gefängnis. Als er gefragt wurde, wie er die Zeit zubrachte, soll er geantwortet haben: »Ich lug ins Land.« Seither heißt die Stelle seines angeblichen Gefängnisturms, an der heute eine Villa steht, Luginsland. Heinrich starb in Gefangenschaft.

Adresse Rathaus, Marktplatz 2, 67547 Worms | ÖPNV Bus 401, 405, 407, 408, 431, Haltestelle Marktplatz/Petersstraße | Tipp Die Villa »Luginsland« hat einen repräsentativen Vorplatz mit Brunnen. Von dort liegt der jüdische Friedhof »Heiliger Sand« nur einen Steinwurf entfernt.

76 Das Rosengarten-Labyrinth

Vorchristliche und mittelalterliche Mythen

Wesentlich weiter verbreitet als das Nibelungenlied waren im Hochmittelalter das Rosengartenlied und andere Siegfried-Erzählungen. Demnach war Kriemhild Hüterin eines Rosengartens, der von Siegfried und elf anderen Wormser Helden beschützt wurde. Sie rief zu einem Wettkampf gegen Dietrich von Bern und dessen elf Gefolgsleute auf, in dessen Verlauf die Wormser unterlagen.

Worms hat einen Rosengarten, der nicht nur an diesen Sagenkreis, sondern auch an frühere Rosengärten erinnert. Einer dieser Gärten soll sich am verschwundenen Kloster Maria Münster befunden haben, an das nur noch eine belebte Ausfallstraße erinnert. Das Frauenstift wurde schon 838 vom Karolinger-Kaiser Ludwig dem Frommen gegründet und 1802 aufgelöst.

Ursprünglich hatte der Künstler Johannes Hirt die Hagenstatue am Rhein im Jahr 1906 für einen Rosengarten im Wormser Stadtpark »Wäldchen« geschaffen, der jedoch nie zustande kam. Nun kommen stattdessen die Rosen zu Hagen. Mit der Gestaltung des Gartenlabyrinths ruft der Künstler Eichfelder in Erinnerung, dass Hagen von Tronje auch mit Troja in Verbindung gebracht worden ist – und an die sogenannten Troja-Labyrinthe. In der Wormser Spirale verläuft man sich nicht, sondern begibt sich auf eine Reise nach innen. Für die einzelnen Rosenstöcke konnten Patenschaften übernommen werden. Nun heißt es für sie erst einmal: wachsen, bis auf etwa 80 Zentimeter Höhe.

Die drei jungen Linden auf dem Rasenstück neben dem Labyrinth sollen in den nächsten Jahren zusammenwachsen. Sie erinnern an die Linde als mythischen Baum des Lebens wie des Todes. Das Lindenblatt sorgte dafür, dass Siegfried verletzbar blieb. Außerdem soll er unter einer Linde ermordet worden sein. Leben und Tod wachsen zusammen.

Adresse Rheinufer, 67547 Worms | ÖPNV Bus 410, Haltestelle Rheinpromenade | Tipp Der Rosengarten bietet sich als Einstiegspunkt für eine Stadtbesichtigung an. Direkt gegenüber liegt die Schiffsanlegestelle. Auch das Nibelungenbähnchen macht Station.

77_Die roten Hochschulgebäude

Studieren überm Folterkeller

An einem der innovativsten und zukunftsträchtigsten Orte in Worms, auf dem Campus der Hochschule, zeugen zwei rotfarbige Altbauten von ganz anderen Zeiten. In der Erenburger Straße 33 war ursprünglich ein Lazarett des 118er-Regiments des Herzogtums Großhessen-Darmstadt (4. Großherzoglich Hessisches Infanterieregiment Nr. 118, so genannt seit 1830) untergebracht. Hier und am benachbarten roten Bau, den heutigen Hochschulgebäuden M und L, finden sich Anklänge an die Neorenaissance und den Nibelungenstil. Im Keller von Gebäude M führte die Gestapo »Verhöre« von Verhafteten unter Anwendung von Foltermethoden durch. Heute ist hier ein Teil der Verwaltung studentischer Angelegenheiten untergebracht. Im verspielteren Gebäude L befasst sich die Hochschulleitung mit Finanzen und Personal.

Ungeachtet der düsteren früheren Zeiten versteht sich die Hochschule mit 3.700 Studierenden in den Fachbereichen Informatik, Touristik/Verkehrswesen sowie Wirtschaftswissenschaften als international ausgerichtet. Zu mehr als 180 Partneruniversitäten weltweit pflegt sie Kontakt: von Albanien und Australien über China bis in die USA mit 18 Instituten. Für die Koordination von Auslandssemestern der Wormser Studierenden und für die ausländischen Studierenden ist das International Center im Bau H zuständig. Die inhaltliche Ausrichtung der Hochschule wurde immer weiter ergänzt, etwa um den Studiengang Aviation Management. Viele Absolventen haben bereits bei der Abschlussarbeit gute Beschäftigungsaussichten, was Alumni-Umfragen untermauern.

Die Gastgeberstadt Worms bietet mittlerweile ebenfalls Studienstoff, etwa im Fall der Entwicklung touristischer Apps oder des an der Hochschule erarbeiteten Tourismuskonzepts Worms 4.0, das der Stadtrat mittlerweile übernommen hat. Nun geht es an die Umsetzung.

Adresse Erenburger Straße 33, 67549 Worms | ÖPNV Bus 405, 408, Haltestelle Hochschule Nord | Tipp Der Hochschulcampus verfügt über einige Denkmäler, die die internationale Ausrichtung der Institution veranschaulichen. Es lohnt sich, das Gelände zu erkunden.

78 Die Sammlung von Kunst-Unikaten

Tintoretto inspiriert

Ein kostbarer Schatz vor allem holländischer Genremalerei des 17. Jahrhunderts und von Porträts aus fünf Jahrhunderten ist die ehemalige Privatsammlung der Heyls. Die 1886 geadelten Brüder Cornelius und Maximilian Heyl heirateten zwei kunstsinnige Schwestern, Töchter des Kunstsammlers Carl Martin Stein aus Köln. Beide Paare sammelten Kunst und vermachten Palais und Sammlung später der Stadt. Obwohl der Heylshof 1945 bombardiert wurde, konnten fast alle Gemälde in Kellern und Ausweichquartieren erhalten werden. Nach dem Krieg mussten zwei Werke von Frans Hals verkauft werden, um die Wiederherrichtung des Heylshofs als Museum zu finanzieren.

Es sind Einzelstücke illustrer Maler, die den Ruf der Sammlung prägen: darunter Arnold Böcklin, Friedrich August von Kaulbach, Franz von Lenbach, Rubens, van Dyck, der Wormser Maler Anton Woensam sowie ein wahres Who's who der holländischen Genremalerei des 17. Jahrhunderts. Genannt seien neben Frans Hals sein Schüler Jan Miense Molenaer (auffällig platziert im großen Saal rechts seine »Fröhliche Gesellschaft«), Mierevelt, Honthorst, de Keyser, ter Borch, Jacobus Vrel, Melchior d'Hondecoeter und viele mehr.

Last, not least ist das »Bildnis eines Unbekannten« vom venezianischen Skandalmaler Tintoretto zu nennen, bürgerlich Jacopo Robusti. Das Bild entstand zwischen 1576 und 1583 in seiner Familienwerkstatt. Das Bild inspirierte einen Museumskurator zu einem Kunstkrimi, der in die Arbeitspraxis Tintorettos und seiner Tochter La Tintoretta führt. Mittlerweile hat Autor Helmut Orpel zwei Fortsetzungen zu »Tintorettos Geheimnis« veröffentlicht. Worms-Krimis gibt es auch von Antje Fries, von Regina Urbach den Thriller »Nibelungenkinder«. Bei der in Worms spielenden Trilogie »Ein Backfisch zu viel« von Gino Politis geht es um einen Mörder wider Willen – in Frauenkleidern.

Adresse Museum Heylshof, Stephansgasse 9, 67547 Worms | ÖPNV Bus 401, 402, 430, 434, Haltestelle Marktplatz | Öffnungszeiten Di–Sa 14–17 Uhr, So 11–17 Uhr | Tipp Sehr zu empfehlen ist die wöchentliche »KunstPause«, eine pointierte Museumsführung zu ausgewählten Exponaten. Zum Abschluss tauscht man sich bei einer Tasse Kaffee aus.

79 Die Sandbank

Turmblick auf die Stadt

In der Umgebung von Worms gibt es mehr als eine Sandbank. Die Stadt ist vom Ludwigshafener Ufer bis nördlich von Rheindürkheim von einer einmaligen Auenlandschaft und Kieselstränden umgeben. Viele schöne Stellen, auch per Fahrrad erreichbar, lassen sich auf einem weitläufigen Spaziergang südlich von Worms entdecken. Man folgt der B 9-Ausfahrt »Rheinufer 2« und spaziert am Uferweg oder einem der Parallelwege durch silbrige Pappelalleen und hüfthohe Auwiesen. Bei Niedrigwasser legt der Rhein Muschelkiesstrände mit wunderbarem Fernblick auf die turmreiche Stadt frei. Manches taucht dann auf dem geschenkten Land vom Rheingrund auf: Ankerteile, Weggeworfenes, Explosives aus dem letzten Weltkrieg oder einfach nur Rätselhaftes. Sonnenhungrige und Picknicker lassen sich immer wieder zum Bad im Rhein verführen und sind von der starken Strömung überrascht.

Etwa fünf Kilometer breit ist das Flussbecken rechts und links des Rheins, innerhalb dessen sich der trägere Strom früher immer wieder ein neues Bett gesucht hatte. 1802 führte er extrem viel Hochwasser und brach sich bei Lampertheim, am Welschen Loch im Naturschutzgebiet Biedensand (siehe Ort 12), Bahn. Man nahm dies zum Anlass, den Rhein in einem jahrzehntelangen Mammutprojekt zu begradigen und so zwischen Worms und Basel um 80 Kilometer zu verkürzen.

Gegen Hochwasser wird die Stadt Worms heute vom Hammelsdamm und vom kürzlich wieder erweiterten Schwemmland der Bürgerweide geschützt. Nirgends ist ein Urwald näher an besiedeltem Gebiet und Industrie zu erleben als in den hiesigen Rheinauewäldern. Denn Auwald und Sumpfwiesen, Biotope für endemische Pflanzen- und Tierarten, sind teils Urwald geblieben. Auch auf der Hofheimer Rheinseite kann man kilometerlang in der Flusslandschaft spazieren. Mit etwas Glück erblickt man eine Schafherde, die quasi das i-Tüpfelchen auf diese Landschaftsidylle setzt.

Adresse Rheinufer 2, Gemarkung Worms | Anfahrt B 9 Richtung Ludwigshafen, Ausfahrt »Petersau« Richtung Rheinufer | Tipp Auch ein Abstecher zum nahen Reiterhof Petersau ist interessant.

80 Die Sarkophage am Dom

Wo der Star-Architekt für die Liebe flötete

»Schwerkraft und Liebe« schlug mir der Wormser Künstler-Architekt Hans-Walter Müller als Schlagworte für seine Wormser Jugenderinnerungen vor. 1966 stellte er mit der »Künstlergruppe Worms« zusammen mit Klaus Krier, Rosemarie und Gerhard Pallasch und Agathe Sander (siehe Ort 29) aus. In den 1970er Jahren führte ihn der Weg über die »Kinetische Kunst« nach Frankreich, wo er für seine »architecture portée par l'air« (luftgetragene Architektur) berühmt wurde. Mit aufblasbaren, mit leichtem Überdruck stabilisierten Hallen und Dächern aus Kunststoff oder auch mit Zelten an Metro-Eingängen für Obdachlose erregte er Aufsehen. ARTE berichtete mehrfach über ihn, zahlreich sind seine internationalen Projekte und Ausstellungen. Bis heute lebt er bei Paris in einer mit einem Millibar Überdruck stabilisierten Riesenhülle.

Geboren im Wormser Nibelungenviertel, spielte Müller als Kind zwischen Rhein, Bombenkratern und dem Äschebuckel im Stadtpark. Mit 15 verliebte er sich in die Tochter des Leiters der Jugendherberge gegenüber der Dom-Südseite. »Vor der geschwungenen Ausgangstreppe des Domes stand ein steinerner Sarkophag. Wenn man sich an einer bestimmten Stelle auf denselben setzte, schaukelte der schwere Sarkophag leicht hin und her.« Der Junge war schüchtern: »Mir genügte es, mich am Abend auf den Sarkophag zu setzen mit meiner Flöte, um in die Richtung der Herberge zu schauen und leise Flöte zu spielen. Ab und zu kippte der Sarkophag leicht von der einen Seite zur anderen, je nachdem, wie ich meinen Körper leicht bewegte, wie ich meine kleine Schwerkraft mit der des großen Steins verband.«

Fünf Sarkophage stehen heute vor der Dom-Südseite. Keiner von ihnen scheint heute noch zu wackeln. Welcher war es? »Auch heute kann man mit der Schönheit eines Traumes die Schwerkraft eines Sarkophages aufheben«, schwärmt Müller.

Das Mädchen übrigens hat nie davon erfahren.

Adresse Domplatz, 67547 Worms | ÖPNV Bus 401, Haltestelle Domplatz | Tipp Die Jugendherberge wurde mittlerweile modernisiert. Geblieben ist ihre unübertrefflich zentrale Lage zwischen Dom und Andreasviertel. Ihr Vorplatz wird beim Festival »Worms: Jazz and Joy« zur Konzertbühne.

81 Der Schlepperhafen-Blick

Bei Schlepper »Hagen« ist der Hafen idyllisch

Der Kraftprotz heißt Hagen. Die Rede ist von einem der Schleppschiffe, deren Anlegeplatz im kleinen Hafen in Sichtweite vor dem Motel Ruderhaus liegt. Von der Galerie der Apartments genießt man hier einen geradezu idyllischen Hafenblick. Beim Frühstück und abends vom Biergarten gleitet der Blick zum Rhein, dem man hier nahe kommt. An der Stelle des Ruderhauses stand übrigens früher ein Naturfreundehaus, daher rührt der Name der entsprechenden Bushaltestelle.

Der Wormser Hafen teilt sich in vier Abschnitte und zieht sich über 20 Kilometer hin. Industrie- und Freizeitnutzung liegen eng beieinander. Südlich, in Sichtweite vom Schlepperhafen, bei Rheinkilometer 442, liegt der Floßhafen mit Kränen und Lade- und Anlegebereich für große Schiffe. Mehrere Wassersportvereine haben in unmittelbarer Nachbarschaft Liegeplätze und Wasserzugang. Vom Schlepperhafen kann man durchgehend zu Fuß bis zum Bitumina-Gelände bei Rheinkilometer 443 gehen, der auch der Strandbar ihren Namen gegeben hat. Das von der Industrie genutzte Hafengelände wird mittlerweile durch ein Gitter vor Neugierigen geschützt. Hier sind die Lastkähne Bitumina I–III zu Hause, oft liegt einer vor Anker. Manchmal wird man Zeuge, wie ein langer Güterzug langsam an der Rheinpromenade vorbeirollt. Seinen Abschluss findet der Wormser Hafen im Werksgelände der Röhm GmbH (ehemals Evonik Worms, Rheinkilometer 449). Insgesamt umfasst das Hafengebiet 265.000 Quadratmeter.

Wie wird der Hafen mit seinen vier Abschnitten verwaltet? Dazu stehen der Wormser Hafenbehörde die Hafenbetriebe Worms zur Seite. Ihnen gehören die meisten Grundstücke des Hafengebietes sowie einzelne verpachtete Hallen am Ufer. Für die Nutzung von Ufer-Einrichtungen wird von anlegenden Schiffen ein Entgelt erhoben. Die Umschlagsanlagen im Handelshafen sind Eigentum der Anrainerfirmen TST, Rhenania, Röhm und anderer.

Adresse Floßhafenstraße 7, 67547 Worms | ÖPNV Bus 410, Haltestelle Naturfreundehaus | Tipp Der Weg stadteinwärts über den Winterhafen mit einem ungewohnten Blick von unten auf die Nibelungenbrücke hat viel Charme. Hinter der Brücke liegt erhöht die Rheingütestation, wo die Wasserqualität überwacht wird.

82 Die »SebaMü«

So schön könnte Worms sein

Worms wurde zweimal stark zerstört: 1689 durch den großen Stadtbrand. Danach errichtete man weite Teile im Barockstil neu. Die zweite Zerstörung erfolgte durch die Bombardierungen im Februar und März 1945. Im heutigen Stadtbild fehlt eine gut erhaltene, zusammenhängende Altstadt. Zwei der wenigen Straßen, die zeigen, wie ein schönes, einheitliches Bild aussehen kann, sind die Sebastian-Münster- und die Hammanstraße im Westend. Hier ist die Welt noch in Ordnung. Villen mit der Stilvielfalt vom Anfang des 20. Jahrhunderts zwischen Historismus und Jugendstil träumen in lauschigen Gärten. Ein schöner Zug, sie nach den beiden Meistern zu nennen, denen wir heute die besten Bilder der alten Reichsstadt vor der Zerstörung verdanken: Sebastian Münster (1488–1552) und Peter Hamman (1624–1692).

Sebastian Münster, dessen Gesicht die Älteren noch von den alten 100-DM-Scheinen kennen, wurde 1488 in Ingelheim geboren, besuchte die Franziskanerschule in Heidelberg, studierte Griechisch, Hebräisch, Mathematik, Astronomie, Aramäisch und Äthiopisch und lehrte an mehreren Orten als Hochschullehrer. Er verließ die Franziskaner und bekannte sich zur Reformation. In sein Hauptwerk, die 1544 erschienene »Cosmographia«, nahm er auch eine Darstellung von Worms auf. Nicht weniger als »eine Beschreibung der ganzen Welt mit allem, was darinnen ist« sollte das Werk bieten. Seine Stadtansicht wird als sehr detailgetreu geschätzt.

Peter Hamman lebte in Worms als Schreinermeister und war Mitglied des bürgerlichen Stadtrats. Er und sein Sohn Johann vollbrachten Unschätzbares. Gestützt auf frühere Skizzen, ließen sie die Stadt 1689 aus dem Gedächtnis detailgetreu auf dem Papier neu entstehen. Diese Quellen sowie Stiche Merians liefern bis heute die Basis für moderne Animationen zum Stadtbild, ob für den Luther-Film, historische Apps oder die Animationen auf den Stelen der Stadtrundgänge.

Adresse Sebastian-Münster-Straße, 67549 Worms | ÖPNV Bus 401, Haltestelle Hammanstraße | Tipp Auch der Künstlerfamilie Merian hat die Stadt Worms eine Straße gewidmet, nicht weit entfernt von der »SebaMü«.

83 Die Skulptur der Fischerjungen

Mit Privatschlüssel durchs Stadttor

Auf dem Barbarossaplatz steht die Skulptur zweier Fischerjungen um einen Korb voller Fische. »Fischweiber« und ihre Kinder wie die dargestellten Jungs trugen den Fang der Väter frisch vom Kahn auf den Fischmarkt hinter der Stadtmauer. Damit sie frühmorgens die noch geschlossenen Stadttore passieren konnten, hatten sie ihre eigene Fischerpforte samt Schlüssel. Dafür waren ihre Häuser außerhalb der Stadtmauern gegen Angriffe von außen weniger geschützt.

Zur feierlichen Eröffnung des Backfischfests übergibt der Wormser Oberbürgermeister einen überdimensionierten Stadtschlüssel und die Regierungsgeschäfte an den »Bojemääschter vun de Fischerwääd« (Bürgermeister der Fischerweide) und erhält im Gegenzug eine »Fischplatte«. Und die Fischerinnung beweist seit Jahrhunderten, dass sie regieren kann. Schon 1106 wurde sie von Bischof Adalbert II. ins Leben gerufen, damals aus 23 Erbfischern samt Fischmarktordnung. Damit ist sie die älteste Zunft Deutschlands und heute ein Brauchtumsverein (Fischerwääder) mit über 500 Mitgliedern. Zu keiner Wormser Zunft sind so viele Archivalien aus allen Jahrhunderten erhalten.

Zum Backfischfest sind die Häuser um den Barbarossaplatz festlich geschmückt mit Schilf, Kunststofffischen und Netzen. Das Fest Ende August bis Anfang September läutet das Ende des Sommers ein. Der Termin wurde vom Vorgängerfest übernommen, dem Sedansfest, das seit 1871 zum Jahrestag der deutschen Siegs über Frankreich bei Sedan stattfand. Nach dem Festumzug strömen die Besucher auf die angrenzende Kisselswiese; am Barbarossaplatz verabredet man sich, um auf das größte Weinfest am Rhein zu gehen: Jährlich kommen etwa 700.000 Besucher. Viele Wormser haben hier ihre erste Liebe getroffen. Das Fest der Fischer ist für Urwormser immer noch das Herzensfest geblieben – und erhielt vom Wormser Grafiker Klaus Krier ein gestreiftes Herz mit Fisch als Logo!

Adresse Barbarossaplatz, 67547 Worms | **ÖPNV** Bus 410, 644, Haltestelle Rheinstraße | **Tipp** Es hat etwas gedauert, bis das Backfischfest zu seinem heutigen Logo kam. Auf www.backfischfest.de gibt es Plakate und Fotos von früheren Festen seit den 1930er Jahren.

84__Die Stadtmauer

Victor Hugo beschwert sich

In dem französischen Romancier weckte die zerfallende Wormser Stadtmauer keine Nostalgie. Nüchtern urteilte er über seinen Besuch im Jahr 1838:

»Ein paar altersschwache Mauerstücke, aus denen Fensterhöhlen entgegenstarren, ein paar Mauerstümpfe, entweder von Efeu ganz überwuchert und erstickt, oder in Wohnungen guter Wormser Bürger verwandelt, mit weißen Fenstervorhängen, grünen Läden oder daran hängenden Weinlauben und Gartenhäuschen, anstelle von Zinnen, Schießscharten und Zwingern. Unförmige Trümmer eines runden Turmes, die sich in östlicher Richtung von der Mauer abhoben, schienen die Überreste des alten Turmes Niedeck zu sein. […] Zwei Pappeln links, ein Misthaufen rechts.«

Worms war gerade mal seit 1816 nicht mehr französisch, sondern Teil des Großherzogtums Hessen-Darmstadt, ein Flecken von wenigen tausend Einwohnern. Seinerzeit war man mit der Neubelebung von Handel und Gewerbe und dem Kampf um bürgerliche Freiheiten beschäftigt. Heinrich von Gagern aus Monsheim vertrat Worms bei den hessischen Landständen, bevor er Präsident der Nationalversammlung Frankfurt wurde. Ein archäologisches Interesse an Ruinen, wie es Johann Joachim Winckelmann bereits 100 Jahre zuvor in Italien gezeigt hatte, war in Worms schwer vorstellbar. Die Stadtmauer diente als Steinbruch. Die Stadt verkaufte ganze Mauerabschnitte als Bauland – eine Preisliste von 1874 ist erhalten. Kleinere Stadttore mussten Mauerdurchbrüchen für den wachsenden Verkehr weichen. Immerhin konnte im Jahr von Hugos Besuch der Abriss des Torturmes verhindert werden. Ohne ihn wäre das markante Profil der heutigen Stadtmauer mit Wehrgang, heute Teil des Nibelungenmuseums, nicht dasselbe. Erst 1851 legte der Stadtrat fest, dass bei Abbrucharbeiten gefundene Altertümer an die Stadt abzugeben seien. Es dauerte bis Anfang des 20. Jahrhunderts, bis Teile der Mauer als historisches Denkmal wieder instand gesetzt wurden.

Adresse Fischerpförtchen 10, 67547 Worms | ÖPNV Bus 409, 410, 431, Haltestelle Nibelungenmuseum | Tipp Die so beanstandete Nutzung der Stadtmauer als Hauswand lässt sich bis heute an mehreren Stellen beobachten und versetzt Touristen in Entzücken, vor allem entlang von Judengasse/Adenauerring und in der Haspelgasse.

85 Das Stare-Denkmal

Lebenskünstler Wormser Couleur

Nichtsnutzige, geschwätzige Vögel sind die Stare, fragt man die Winzer. Weil Nichtsnutzigkeit und Lebenskunst aber eng beieinanderliegen, nannten sich manche Wormser, die gern ein Schwätzchen am Rheinufer hielten, humorvoll selbst »Wormser Stare«. Die Plastik zeigt solche Herren:

»Sei Waschlavor des is de Rhei – sei Handtuch is de Sunneschei«.

So heißt es auf dem Denkmal für die Wormser Stare vor der Villa Rhein-Möwe (siehe Ort 90) am Rheinufer. 1968 jährte sich der Geburtstag des Narrhalla-Vorsitzenden Rudolf Heilgers zum 100. Mal, der das oben zitierte Lied vom »Rhoiadel« (Rheinadel) gedichtet hat. Die Fastnachtsgesellschaft Narrhalla ließ das Denkmal vom Künstler Günter Nonnenmacher, einem Wahlwormser und begeisterten Fastnachter, erschaffen. Damit ist es auch ein Denkmal für die Narrhalla und die humorvolle Wormser Art, sich selbst auf die Schippe zu nehmen.

Die Narrhalla, der drittälteste Wormser Verein, wurde 1840 gegründet. Bis heute richtet sie Fastnachtssitzungen aus. Nach vielen Jahren in den Räumen des eigenen Lokals finden sie mittlerweile in der Kapelle der Prinz-Carl-Anlage statt. Wormser Aufreger werden aus erster Hand durch den Kakao gezogen, denn zu den Mitgliedern zählen auch Kommunalpolitiker. Berühmt wurde in den 1930er Jahren Jean Völker, genannt »Kabausche«, dem heute eine Straße in Hochheim gewidmet ist. Das Künstlerpaar Rosemarie und Gerhard Pallasch war ebenso unter den Spaßvögeln wie die Journalisten Ilse und Rolf Bindseil, die die Mundart-Posse populär machten. Ihr Stück »Nor nit schenne« (Nur nicht meckern) war der Auftakt zu über 20 Fastnachtspossen, in denen vor allem Helga Pauer darstellerisch brillieren konnte, eine Wormser Heidi Kabel. 2003 übernahm Mathias Matheis die Fastnachtspossen. Seit frühester Jugend steigt auch der jüngste Wormser Stadtrat, Benedict Schulz, in die Bütt, Co-Impresario der Jugendtheatergruppe »Szene9«.

Adresse Rheinufer, 67547 Worms | ÖPNV Bus 410, Haltestelle Rheinpromenade | Tipp Die Narrhalla hat heute noch ein eigenes Lokal mit Bühne in der Burkhardstraße im Wasserturmviertel.

86 Der Teeladen JaNi

»Du bist nicht allein«

Jamie und Nico Neiß sind die Chefs des Teeversands JaNi im Keller des Elternhauses. Fast vier Jahre kämpfte, zitterte und hoffte die Familie, nachdem Jamie mit fünf Jahren die Diagnose Leukämie erhielt. Er ertrug Chemotherapien, verlor immer wieder seinen Geschmackssinn und sollte viel trinken. Leckerer Tee linderte seine Beschwerden und half ihm sogar, eine Lungenentzündung zu überstehen. Gefühlt ganz Worms erschien zur Typisierungsaktion. Wormatia und die Handballer starteten Spendenkampagnen, Letztere benannten ihre Tribüne nach Jamie. Das Hagenbräu bot ihm einen Ausbildungsvertrag zum Koch an und überreichte ihm die Montur dazu. Denn Jamie wusste bereits, dass er Koch werden wollte. Die Landesschau brachte den Fall ins Fernsehen.

»Schade, dass wir nicht unseren eigenen Tee haben«, sagte Jamie eines Tages. Also gründete die Familie einen Online-Tee-Shop. Gemeinsam Tee trinken heißt Zeit miteinander verbringen, und nichts ist kostbarer für Menschen, die einander etwas bedeuten. Über hundert Mischungen mit Labels nach den Ideen der beiden Jungs gibt es im Shop: Tea-Rex oder Happy Unicorne, Kindertee, Mate, Hanftee, Tee-Blumen, Tassen, Kannen, »Tea to go«-Sets oder die eigene Mischung mit Widmung. Mutter Peggy hat sich zur Diplom-Kräuterpädagogin weitergebildet, Vater Klaus zum Webshop-Designer. Liebe und Hoffnung fließen mit ein. So fühlen sich die Eltern Jamie nahe. Die Anfänge des Ladens bekam Jamie noch mit und freute sich über jedes verkaufte Exemplar, gab dem Vater Ideen für ein dickes Buch, das nun Stück für Stück umgesetzt wird. Am 19. Mai 2019 musste der kleine Kämpfer die Waffen strecken.

Neben Gewürzen und Aromaölen gibt es im Laden ein Mutmacher-Buch für alle, die eine schwere Zeit durchmachen. »An manchen Tagen solltest du einfach irgendwo aufklappen und Dich überraschen lassen, was ich heute für Dich habe. Du bist nicht allein«, verspricht es.

Adresse Röderstraße 7, 67549 Worms, www.jani-online.de | ÖPNV Bus 405, 408, Haltestelle Westendschule | Öffnungszeiten Mo, Do 9–16 Uhr, Di 9–12 und 16–18.30 Uhr, Mi, Fr 9–14 Uhr | Tipp Bei einem Spaziergang durch das Viertel um die Westendschule gibt es viele Villen aus dem 19. Jahrhundert inmitten prachtvoller Gärten zu bewundern.

87 Teenie-Liebe in der Römerstraße

Wo Goethe heiß und kurz entflammte

»Wie könnte ich Worms vergessen und die angenehmen Einwohner und Einwohnerinnen dieser sehr geliebten Stadt«, schrieb Goethe 1766, etwa ein Jahr nachdem er sich in eine hübsche Wormserin verguckt hatte. Charitas Meixner war 1765 15 Jahre alt, so alt wie Goethes Schwester Cornelia. Goethe war nur ein Jahr älter. Eine Teenager-Schwärmerei. Vermutlich lernte der angehende Jurastudent die Tochter von Wormser Freunden bei Charitas' Aufenthalt in Frankfurt kennen. Im Sommer 1765 besuchte er Worms und war auch zu Gast bei der Notablenfamilie Meixner. Sie soll laut dem Wormser Historiker Dr. Jörg Koch an der Ecke Wollstraße/Römerstraße gewohnt haben, wo noch heute ein barockes Palais (Foto) steht. Schon anhand dieser Geschichte zeigte sich, wofür Goethe später berüchtigt war: überbordendes Schwärmertum à la Werther, gefolgt von rascher Abkühlung.

An seine Schwester schrieb Goethe: »An die liebe Jungfer Meixner mache das schönste Compliment, das du […] gedenken kannst.« Er war sicher, dass seine Gefühle »gnädig aufgenommen« würden. An Charitas' Cousin schrieb er: »Wenn sie diese Zeilen sieht, soll sie sich manchmal an einen unglücklich Liebenden erinnern, der sie liebt, ohne jemals die Frucht seiner Liebe zu erwarten.« Bei Goethes Besuch in Worms vier Jahre später war die Schwärmerei anscheinend vergessen. Charitas heiratete 1773 den Ratsherrn Georg Friedrich Schuler und starb 1777 bei der Geburt ihres vierten Kindes. Sie war übrigens die Großmutter des späteren Wormser Bürgermeisters Georg Friedrich Renz. Und Goethe? Er verstrickte sich in weitere Liebesgeschichten, aus denen er sich meist erfolgreich wieder herauswand. In seinen Lebenserinnerungen erwähnt er die Wormser Jugendliebe nicht. Hatte er Worms doch vergessen? Immerhin hinterließ er den Meixners das älteste Porträt seiner selbst. Worms vergaß ihn nicht.

Adresse Römerstraße 5, 67547 Worms | ÖPNV Bus 409, Haltestelle WEP Ost | Tipp Gegenüber dem Barockpalais ist ein römischer Meilenstein erhalten. Wollstraße und Römerstraße gehören zu den ältesten im Ursprungsverlauf erhaltenen Wormser Straßen. Das römische Worms war weitläufiger als die heutige Innenstadt.

88 Die untere Judengasse

Von Hasen, Drachen und Wundern

Sie wölben sich über Kellern aus dem 14. Jahrhundert und lehnen sich an die Stadtmauer: die Häuser der Judengasse, von denen die Erzählungen des Synagogenhelfers Juspa Schammes sprechen. Mit Frau und fünf Kindern wohnte er im 16. Jahrhundert im Haus »Zur hinteren Sichel«. Denn statt durch Hausnummern kannte man die Häuser durch Namen, wie heute noch den »Schwarzen Bären«. Neben dem »Haus zum Hasen« trägt auch der Brunnen diesen Namen.

Juspas »Sefer Ma'aseh Nisim« wurde ein Bestseller. Die Geschichten berichten vom Drachen, der sich um Worms schlang, und vom Schmied-Riesen, der die Wormser Königin von ihm befreite. Daher rühre der schmiedeeiserne Schlüssel im Stadtwappen. Weiter ist vom alten Herrn zu Dalberg die Rede, der als Kreuzfahrer in Jerusalem von Juden gerettet worden sei und seither die Juden in Worms beschützt habe. Andere berichten von Verfolgungen zu Zeiten der Kreuzzüge, der Pest oder von den Gänsen, die in den Häusern versteckte Juden verrieten. Die Geschichten sollten bei jüdischen Lesern im Exil nach der Stadtzerstörung 1689 die Erinnerung an »Warmaisa« wachhalten. In ihnen spiegelt sich der Glanz von »Klein-Jerusalem am Rhein«. Tora-Studien und die Kabbala machten SchUM – die Städte Speyer, Worms und Mainz – berühmt bis ins Israel von heute. Von Vorurteilen gegen jüdische Händler zeugt hingegen das Wort »schummeln«.

Ursprünglich kursierte eine Legende: Juden, die schon nach der Tempelzerstörung 70 nach Christus in Worms Zuflucht gesucht hätten, hätten nicht wieder gehen wollen, weil es ihnen am Rhein so gut gegangen sei. Sie seien damals nicht der Kreuzigung Jesu beschuldigt worden. Erst später änderte sich das. Ein weiteres Buch von Juspa, »Minhag«, ist erhalten. Es überliefert Sitten und Bräuche. Vom letzten Wormser Rabbiner wurde es 1938 gerettet und 1972 an die Jüdische Gemeinde Mainz übergeben. Denn heute werden die Wormser Juden von Mainz aus betreut.

Adresse Judengasse 39, 67547 Worms | ÖPNV Bus 431, Haltestelle Berliner Ring | Tipp Zum Ghetto wurden Judengasse und Kleine Judengasse erst nach der Pestepidemie von 1349. Nachts wurden die Tore verschlossen, es galten Beschränkungen für das Verlassen des Viertels. Erst französische Revolutionstruppen machten dem ein Ende.

89 Die untere Kleine Fischerwääd

Breitmundige haben's leichter

Wer kennt schon den durch die Rheinstraße abgetrennten Teil der Kleinen Fischerwääd mit ebenso hübschen Häuschen wie im anderen Teil? Autoverkehr fließt kaum. Wer hier wohnt, muss, was Parkplätze angeht, auf Komfort verzichten. Bis ins 19. Jahrhundert wohnten die Menschen unter solch niedrigen Decken. Am Fischmarkt stehen zwei ähnliche, allerdings verlassene Häuschen. Heute wirken sie »schnucklig«. Als die heute zugeschütteten Rheinarme Woog und Gießen aus dieser Gegend noch ein kleines Amsterdam machten, konnte man direkt vom Haus in den Kahn springen und zum Fischen fahren. Fischen könnte man heute übrigens wieder im Rhein. Er ist sogar den anspruchsvollen Lachsen und Aalen wieder sauber genug.

Die traditionellen Bewohner der Fischerwääd, vertreten in ihrem Brauchtumsverein, bieten zum Backfischfest ein eigenes Programm mit der Fischerwääder Kerb. Angefangen hat alles mit einem spontanen Straßenfest: Jeder stellte seinen Wein auf den Tisch vor der eigenen Tür. Während der neun Festtage betreiben die Anwohner im anderen Teil der Kleinen Fischerwääd die Bräterei »Zum Fischchen«, wo es alles rund um den Backfisch gibt. Und zum Abschluss des Backfischfests steigt das Fischerstechen auf langen Ruderkähnen, zu dem jährlich über 20 Vereine antreten. Wer die Balance verliert, hat verloren. Mindestens ebenso wichtig wie das »Stechen« (mit gepolsterter Stange) ist das Rudern. Die Fischerwääder gewinnen nicht immer. Übers Jahr trifft man sich im Brauchtumsmuseum »Bojemääschterei«. Mit alten Fotos, Urkunden, Reusen und Keschern öffnet es jeden ersten Sonntag im Monat. Sogar ein Fischmarktstand von früher wurde aufgebaut. Und wozu ist der hölzerne »Handnirsch« gut? Zum Wasserschöpfen aus einem vollgelaufenen Kahn. Heute muss die Backfischbraut eine Portion Wein daraus zur Festeröffnung trinken, ohne zu tropfen: Breitmundige sind da im Vorteil.

Adresse Kleine Fischerweide 21–41, 67547 Worms | ÖPNV Bus 410, 644, Haltestelle Rheinstraße | Tipp Rund um das Brauchtumsmuseum in der »Bojemääschterei« der Großen Fischerweide gibt es liebevoll dekorierte Fischerhäuschen zu bewundern, vor allem Anfang September, zur fünften Wormser Jahreszeit, der Backfischfestzeit.

90_Die Villa Rhein-Möwe

Wohnen am Rhein

Rheinmöwen lassen sich am Flussufer immer wieder bei waghalsigen Sturzflugmanövern bewundern. Die älteren Wormser denken bei diesem Namen auch an eine Möbelfirma in der Alzeyer Straße, die 1999 pleiteging. In mancher Wormser Küche steht heute noch ein Klassiker von »Rheinmöve«. Heute steht dieser Name – mit »w« – für eine markante, frisch renovierte Villa am Rheinufer. So nah an Rhein, Dom und City findet man in Worms nicht so leicht eine Ferienwohnung.

Jahrelang als Villa Zuversicht bekannt und immer wieder gastronomisch oder sogar als Konzert-Location genutzt, besticht an dem Bau vor allem die Lage neben dem Hagenbräu, mit Rheinblick vor allem aus den oberen Stockwerken. Fünf voll eingerichtete Ein- und Zwei-Zimmer-Apartments für Selbstversorger sind zu vermieten. Das Haus liegt in einem riesigen Parkgarten mit mehreren Sitzgelegenheiten. Wer sich, etwa mit einer kleinen Gruppe, auf 70 Quadratmetern ausbreiten will, geht nach gegenüber in die Räume der ehemaligen Marinekameradschaft in einem lang gestreckten Bungalow, der ebenfalls eine unübertreffliche Lage am Rheinufer zu bieten hat. Zur Festspielzeit sind beide Locations auch bei prominenten Besuchern gefragt. Bis zur Altstadt geht man zehn Minuten zu Fuß. Mietfahrräder und eine Bushaltestelle finden sich vor der Tür. Dass sich die traditionsreiche Marinekameradschaft im selben Zeitraum auflöste, in dem die Villa frei wurde, erwies sich für das Ferienwohnungsangebot am Rhein als Glücksfall.

Betrieben und vermietet wird beides von der Pächterin der Parkwirtschaft im Wäldchen. Dieser urige Biergarten wurde nach dem spendablen Großherzog von Hessen-Darmstadt früher »Ludwigslust« genannt. So finden viele Pensionsgäste auch den Weg in dieses Wormser Kleinod. Mit seinen alten Bäumen ist es seit über einem Jahrhundert ein beliebtes Ausflugsziel, heute auch bei Schauspielern der Nibelungenfestspiele.

Adresse Villa Rhein-Möwe, Rheinstraße 57, 67547 Worms, Tel. 06241/24601 | ÖPNV Bus 410, Haltestelle Rheinpromenade | Tipp Nur wenige Schritte sind es bis zum Ufer-Eiscafé »Pegelhäusje« in einem der beiden historischen Häuschen neben dem Rheinpegelmesser.

91 Die Warbede-Darstellung im Dom

Sonnengöttin und Beschützerin

Ein vorchristliches Motiv zeigt der Dreijungfrauenstein (um 1420) in der Nikolauskapelle des Doms, der ursprünglich aus dem mittlerweile verschwundenen Wormser Bergkloster stammt. Die mittlere der drei Damen ist Warbede, was möglicherweise mit dem keltischen Namen für Worms, Borbetomagus, zu tun hat. Abenteuerliches wurde über diese drei »heiligen Frauen« spekuliert, von denen die anderen beiden Einbeth und Wilbeth heißen. Jede hält ein Buch in den Händen.

Zu christlichen Heiligen schafften sie es nicht. Bischof Burchard wetterte schon im 11. Jahrhundert gegen ihren Kult, doch wurden sie im ganzen süddeutschen Raum noch lange dargestellt. Warbede heißt andernorts Warbet(h), Borbede oder Wolbeth. Wie die keltischen Matronen und die germanischen Nornen treten die »Beden« meist zu dritt auf. Im Straßburg des 12. Jahrhunderts ist zunächst Einbeth belegt, später traten ihr dort Wilbeth und Worbeth zur Seite. Der Kult bekam im 15. Jahrhundert noch Auftrieb, als die Jungfrauen in die Gefährtinnen der heiligen Ursula eingereiht wurden. Ihre Funktion kann nur vermutet werden. 1936 ersann der Heidelberger Heimatforscher Hans Christoph Schöll eine etymologische Herleitung aus keltischen Sprachwurzeln, die wissenschaftlich nie anerkannt wurde. Nach altem Bauernglauben sei demnach Ambeth Erdgöttin, Borbeth Sonnengottheit und Wilbeth Glücksgöttin und Mondfrau. Bis heute genießen die drei ein Nachleben in der esoterischen Literatur. Trotz ihres heiteren Lächelns vermutete man Totengöttinnen oder Schicksalsfrauen in ihnen. Ob der Horchheimer Kult um Elsbeth vom Fronhof mit Einbeth zu tun hat, sei dahingestellt. Doch kommen die Göttinnen offenbar einem realen Bedürfnis nach weiblicher Ikonografie, wenn nicht matriarchalischen Religionsanteilen entgegen. Nach Warbede benannte sich das 1997 gegründete Wormser Frauenzentrum, eine Zuflucht für Frauen, die Opfer von Gewalt wurden.

Adresse Dom / Nikolauskapelle, Domplatz, 67547 Worms | ÖPNV Bus 401, Haltestelle Domplatz | Öffnungszeiten April–Okt. Mo–So 9–17.45 Uhr, Nov.–März 10–16.45 Uhr, wegen Gottesdienst Sa ab 16 Uhr und So bis 12.45 Uhr geschlossen | Tipp Zum »Sommertag« (an Laetare) des Wormser Stadtteils Horchheim wird mit einem Dreiecksgebäck an »Elsbeth vom Fronhof« erinnert, die als Kindsmörderin verurteilt wurde und vor ihrer Hinrichtung verfügte, ihr Besitz solle zum Wohle von Kindern verwendet werden.

92 Der »Zischelowwe«

Quartier mit sozialem Zusammenhalt

Die Adressen »Am Ziegelofen« und »Hinterm Ziegelofen« sowie beide Teile der »Kleinen Fischerweide« (siehe Ort 89) wirken wie ein Viertel von früher. Heute ist mittendrin sogar Platz für familiengerechte Neubauten. Ein Blickfang ist der prächtige Doppelbau des Fischerecks mit dem Irish Pub (siehe Ort 41).

Die Sozialdemokratin Lucie Kölsch ist in diesem Viertel aufgewachsen. Ihren Onkel, Ludwig Bardorf, führte seine Arbeit für die SPD zur Zeit des Nationalsozialismus ins Gefängnis. Noch in den 1940er Jahren gab es Bäcker- und Metzgerläden im Viertel »Zischelowwe« (Ziegelofen). Nachbarn kannten und halfen einander. Als Lucies Familie den ersten Kühlschrank erwarb, durften ihn die Nachbarn wie selbstverständlich mitbenutzen. Lucie wuchs auf mit Bad überm Hof, karger Küche und abends einem heißen Backstein im Bett. Für die Ferien gab es zum Glück die Freizeiten der Arbeiterwohlfahrt.

1939 heiratete sie Ludwig Kölsch und zog 1941 nach Swinemünde an die Ostsee. Lucie musste 1945 zunächst ohne ihren Mann in der sowjetischen Zone ausharren, schlug sich nach Mecklenburg zu Freunden durch und konnte, wiedervereint mit ihrem Mann, im Sommer 1946 nach Worms zurückkehren. Wieder wohnte sie am »Fischereck«. Mit mittlerweile vier Töchtern zog es sie in die Politik. 1948 bis 1960 war sie Stadträtin in Worms und von 1957 bis 1977 Landtagsabgeordnete in Mainz. Ihrem Engagement ist zu verdanken, dass das städtische Schul- und Wohnungswesen, das Hallenbad sowie das Spiel- und Festhaus nach dem Krieg rasch saniert beziehungsweise wiederaufgebaut werden konnten. Sie regte eine Jugendmusikschule an, die bis heute nach ihr benannt ist, und ist als einzige Frau Trägerin des Wormser Ehrenrings und der Ehrenbürgerschaft. Schon zuvor erhielt sie das Bundesverdienstkreuz Erster Klasse und das Große Verdienstkreuz. 1997 verstarb sie. Mittlerweile ist der »Zischelowwe« ein Wohnort mit nostalgischem Flair.

Adresse Am Ziegelofen, 67547 Worms | **ÖPNV** Bus 410, 644, Haltestelle Rheinstraße | **Tipp** Der langjährige Sitz der Lucie-Kölsch-Jugendmusikschule in der Gewerbeschulstraße wird derzeit renoviert. Heute befindet sich die Schule in der Prinz-Carl-Anlage und bietet auch Unterricht für Senioren an.

93__Der Bibliotheksturm

Ein Ort der Exklusivität

Der Rundturm des Herrnsheimer Schlosses gemahnt an dessen ursprüngliche Form. Denn 1460 besaß die Kämmererfamilie der Dalbergs eine Burg mit Rundturm. Mehrfach zerstört, wurde sie als Schloss im 18. Jahrhundert barock und im 19. Jahrhundert im Empire-Stil neu aufgebaut. Der Turm beherbergte eine umfangreiche Familienbibliothek. 1842 erhielt er ein Zusatzgeschoss samt einer einzigartigen gusseisernen Wendeltreppe.

Die Dalbergs waren Kämmerer (Finanzverwalter) und zuweilen selbst Bischöfe von Worms. 1375 erhielt Dieter Kämmerer von Dalberg den Ort Herrnsheim von den Leininger Grafen zu Lehen. Das Geschlecht brachte Johann III., Wormser Bischof von 1482 bis 1502, den Schillerförderer und Gründer des Mannheimer Nationaltheaters, Wolfgang Heribert von Dalberg, sowie dessen Bruder, den Mainzer Erzbischof Kurfürst Karl Theodor, hervor. Überliefert ist die Frage »Ist denn kein Dalberg hier?«, wenn es um Ritterschläge durch den Kaiser ging. Hintergrund: Kaiser Friedrich III. soll nach seiner Krönung in Rom im Jahr 1452 einen Dalberg zum Ritter geschlagen haben. Seitdem »erbte« die Familie das Vorrecht auf Ritterschläge bei Kaiserkrönungen. Napoleon soll erwogen haben, den Brauch zu übernehmen, schließlich war Kurfürst Karl Theodor bis zum Wiener Kongress Diplomat in seinen Diensten.

1883 verkauften die Dalbergs das Schloss an die Industriellenfamilie Heyl. 1940 starb das Kämmerergeschlecht in der männlichen Linie aus, in der weiblichen 1979. Nachdem 1958 die Stadt das Schloss übernommen hatte, lagerte sie im Turm Bestände der Stadtbibliothek ein. Jahrelang konnten sich Paare im Grünen Salon fürstlich trauen lassen. Das Schloss war zu monatlichen Führungen zugänglich. Nach der derzeitigen Sanierung wird es nur für Veranstaltungen wie die Dalberg-Akademie geöffnet sein. Zugänglich bleiben jedoch Geschäfte und Gastronomie in den umliegenden Wirtschaftsgebäuden.

Adresse Herrnsheimer Hauptstraße 1, 67550 Worms | ÖPNV Bus 407, Haltestelle Park | Tipp Im künstlerisch inspirierenden Café-Restaurant »Kabinett« im Schlosshof lassen sich zauberhafte Stunden verbringen.

94 Der Schlosspark

Wo Wedel drehte und der Zar zur Jagd kam

1787 legte der Gartenarchitekt Friedrich Ludwig von Sckell, der auch den Englischen Garten in München konzipierte, den Herrnsheimer Schlosspark auf teils unebenem Gelände an und bezog Mauern und Türme der alten Stadtbefestigung ein. Die Straße nach Mainz und Teile der Herrnsheimer Hauptstraße mussten eigens für die neue Parkanlage verändert werden. Die Dalbergs, für die sie angelegt wurde, verloren im 19. Jahrhundert an Bedeutung und veräußerten sie samt Schloss 1883 an die Lederindustriellenfamilie Heyl, die so 1899 Gastgeber für fürstliche Jagden im nahe gelegenen Waldgebiet »Herrnsheimer Klauern« werden konnte. Zu Gast war nicht nur Großherzog Ernst Ludwig, sondern auch Nikolaus II., der letzte russische Zar. Er kam auf Familienbesuch, denn seine Frau Alix alias Zarin Alexandra war die Schwester des hessischen Großherzogs.

Mit Teich samt Brücken und Inselchen wirkt der Park weitläufig und großzügig. 2018 wurden von der Theatergruppe Szene9 »Inselfestspiele« erfunden und ein eigens dafür geschriebenes Stück uraufgeführt. Dieter Wedel drehte Einspieler für die Nibelungenfestspiele. Joern Hinkel, mittlerweile Wedels Nachfolger als Intendant der Festspiele Bad Hersfeld, fand Inspiration zu seinem 2016 preisgekrönten Imagefilm über Worms.

Für Hochzeitsfotografen ist der Park, von der Schlosstreppe bis zum See, wie geschaffen. Ein Blickfang ist der Schillerturm. Dass Schiller als Gast des Schlossherrn und Mannheimer Theaterintendanten Heribert von Dalberg dort gewohnt und »Die Räuber« geschrieben hat, ist eher Legende. Als badischer Staatsminister gab Dalberg aber den Anstoß für das Nationaltheater Mannheim, an dem das Drama 1782 uraufgeführt wurde. Eigentlich ist der Schillerturm ein Verteidigungsturm aus dem 15. Jahrhundert. Inspirierend ist der Park für Paare, mit Liebesschlössern an den Brücken, Liebesgrotte und entspannt »hingegossenen« Statuen.

Adresse Herrnsheimer Hauptstraße 1, 67550 Worms | ÖPNV Bus 407, Haltestelle Park | Tipp Für Hochzeiten und andere Veranstaltungen lässt sich das Gebäude der ehemaligen Remise im Schlosshof mieten.

95_Die Hochheimer Höhe

Worms erleben … und sterben

Der Parkfriedhof auf der Hochheimer Höhe ist beeindruckend groß – wie auch das Potenzial der alten Domstadt selbst. Unter uralten Bäumen ruhen die Toten, während die Lebenden Kühle und Schatten genießen können. Die Arbeiten der Friedhofsgärtnerei sorgen für heimelige Geschäftigkeit. Viele Gräber sind künstlerisch sehr ambitioniert.

Von der Trauerhalle mit ihren neobyzantinischen Säulenkapitellen passiert man die Ehrenmäler für die Oberbürgermeister Heinrich Köhler (1898–1924) und Heinrich Völker (1949–1967) und folgt einer Art Ringstraße durch das Areal. Alles ist weit und offen, nichts wirkt pompös. Fast möchte man bekennen, allein der Friedhof sei ein Argument, in Worms und nicht anderswo zu leben.

Der damalige Ortsteil Hochheim wurde explizit wegen der Neuanlage des Friedhofs im Jahre 1902 nach Worms eingemeindet. Denn der bisherige Friedhof im Rheingewann war nicht hochwassersicher. Heute umfasst das Gelände 37 Hektar und wird von einem städtischen Inklusionsbetrieb gepflegt. Die Karte am Eingang braucht man zur Orientierung. Verwunschene Waldwege locken zu Entdeckungsreisen: Grabfiguren, efeuumrankte Familienstätten wie die monumentale neugotische Anlage für die Familie Boller oder der selbst gefertigte »Knoten« des Künstlers Gustav Nonnenmacher, eines überzeugten Wahlwormsers. Besondere Felder gibt es für Fehlgeburten, für die Opfer der Kriege von 1870 bis 1945, für die Opfer des Faschismus, der Luftangriffe, für Zwangsarbeiter, britische, russische oder französische Gefallene – und für die 26 Toten des tragischen Busunfalls zwischen Abenheim und Herrnsheim im Jahr 1954.

1911 erhielt das Gelände einen jüdischen Teil samt Jugendstil-Trauerhalle, 2009 ein muslimisches Gräberfeld. Schon früher hatte sich ein muslimischer Besatzungssoldat mit einem Halbmond auf dem Stein bestatten lassen. Alle Gräber eint eine friedfertige Stille, orchestriert von Licht und Schatten.

Adresse Eckenbertstraße 114, 67549 Worms | **ÖPNV** Bus 430, 434, Haltestellen Friedhof und Friedhof Süd; Bus 408, Haltestelle Friedhof | **Tipp** Im angrenzenden Teil Hochheims erinnern Straßennamen an Wormser Originale, etwa an den Fastnachter Jean »Kabausche« Völker und den Autor und Journalisten Ernst Handschuch (Pseudonym »Obeldobel«).

96 Der Vertiko

Kurzlebiges Statussymbol

Zwischen 1860 und 1910 waren sie unabkömmlich: Vertikos, halbhohe Möbelstücke fürs Wohnzimmer, auf denen sich Fotografien und das Sonntagsgeschirr präsentieren ließen. In Worms hatte die Lederindustrie Wohlstand gebracht. Und so wurde der Vertiko ein Must-have, den man Freunden und Nachbarn vorzeigen konnte. Zwar wirkt er wie eine erhöhte Kommode, doch hat der Name weder etwas mit »vertikal« noch mit »Vertigo«, dem Höhenschwindel, zu tun. Gelegentlich findet sich die Schreibweise »Vertikow« – nach dem angeblichen Erfinder, dem Berliner Tischler Otto Vertikow.

Anders als ein Schrank passte der Vertiko auch in niedrigere Stuben. Mindestens so wichtig wie seine Aufbewahrungsfunktion war der Aufbau, an dem sich die zeitgenössische Verspieltheit von Historismus und Jugendstil austoben konnte: mit geschnitzten Säulchen, Podesten oder Figuren. Fünf bis sechs solcher Schränke pro Woche konnte ein Hochheimer Schreinergeselle herstellen. Doch nach dem Ersten Weltkrieg kamen die Vertikos recht schnell wieder aus der Mode.

Der gestiegene Bedarf, auch nach Schränken und Ehebetten, bescherte dem Schreinerhandwerk in Hochheim einen rasanten Aufschwung. Anfang des 19. Jahrhunderts gab es fünf Betriebe. Wenn ein Meister starb, konnte ein Geselle seinen Platz übernehmen, indem er die Witwe heiratete – wie dies Peter Hamman im 17. Jahrhundert getan hatte, der die Stadt Worms aus dem Gedächtnis zeichnete (siehe Ort 82). Später brachten Inflation, Arbeitslosigkeit und die industrielle Möbelproduktion einen Schreinerbetrieb nach dem anderen zur Aufgabe. Um 1900 gab es noch 90 Schreinerbetriebe in Hochheim, 1945 nur noch 27. Häufig handelte es sich um Ein-Mann-Unternehmen. Heute sind es ganze drei Schreiner. Lediglich aus den Firmen Schärf und Rausch-Merkel wurden Möbelfabriken. 2015 eröffnete der Hochheimer Heimat- und Kulturverein das Schreinermuseum – natürlich mit Vertiko.

Adresse Schreinermuseum (neben der Hochheimer Ortsverwaltung), Binger Straße 63, 67549 Worms | **ÖPNV** Bus 408, Haltestelle Konventstraße | **Öffnungszeiten** nach Vereinbarung mit dem Heimatverein (Vorsitzender derzeit Dieter Gleim, Tel. 06241/76919) | **Tipp** In der Nachbarschaft liegt die romanische Bergkirche, hoch über dem Ort. In ihrer Krypta soll schon Karl der Große meditiert haben.

97_Das Deutschordenshaus

Wo der Raubritter Flagge setzte

War Heinrich von Mauderich ein Raubritter? Ein Bild am alten Ibersheimer Deutschordenshaus zeigt ihn, Ausschau haltend nach Schiffen, und die Jahreszahl 1656. Als sich der verarmte Adlige aus dem niederländischen Gelderland in Ibersheim niederließ, musste er Einkünfte generieren. Der Salmfang, die Schafzucht und die im Dreißigjährigen Krieg verwüsteten Ländereien gaben nicht genug her, um den kurfürstlichen Landesherrn zufriedenzustellen. Also tat sich Heinrich mit den Herren von Burg Stein (siehe Ort 17), zwei Kilometer Luftlinie über den Rhein, zusammen. Sobald ein Schiff bei Ibersheim sichtbar wurde, ließ Heinrich Flagge setzen, und die Steiner hatten Zeit, sich für den Überfall zu rüsten.

Ritter Heinrich residierte im Schloss gegenüber dem Deutschordenshaus, einem Hof aus dem 15. Jahrhundert. Schließlich suchte sich der Kurfürst einen anderen Pächter, und mit dem Raubrittertum war es vorbei. Im gut erhaltenen Schloss kolportiert ein Wandgemälde jüngeren Datums den fiktiven Ausspruch der ersten Schlossherrin: »Komm, bau mir, lieber Ludewig, dies schöne Schloss und lass die Fisch!« Hintergrund ist die Geschichte, dass Kurfürstin Blanca von der Pfalz von ihrem Mann Ludwig III. (1378–1436) erreicht haben soll, dass er seine Prioritäten weg vom einträglichen Salmfang verlegt.

1261 bis 1467 besaß der Deutschorden in Ibersheim einen Hof. Um dessen Einkünfte stritten die Grafen von Leiningen und das Bistum Worms. 1468 nahm Kurfürst Friedrich I. von der Pfalz Ibersheim zu Lehen, und der Deutschorden musste entschädigt werden. Ab 1661 rief der Kurfürst mennonitische Siedler aus der Schweiz nach Ibersheim. Sie wohnten zunächst im Deutschherrenhof und im Schloss. Beide Bauten sind bis heute bewohnt. Ibersheim kam dank der effizienten Landwirtschaft der Mennoniten wieder zu Wohlstand. Damit hielt sich der Ort unabhängig von Salmfang und Raubrittertum.

Adresse Menno-Simons-Straße 13, 67550 Worms | **Anfahrt** am Ortseingang (von Rheindürkheim aus) dritte Straße rechts, hinter der Kirche liegt zur Rechten das Deutschherrenhaus, zur linken Seite der Weggabelung das Schloss | **Tipp** Am Ortsende von Ibersheim steht das zum Heimatmuseum ausgebaute »Ammeheisje«, wo Arme aufgenommen worden sein sollen und später eine Hebamme lebte.

98 Die Mennonitenkirche

Eine Ibersheimerin in Pennsylvania

Anna Maria Schnebeli gehörte zu den in Ibersheim angesiedelten Mennonitenfamilien. Vom Heidelberger Kurfürsten ins Land geholt, um den im Laufe des 17. Jahrhunderts verödeten Ort wieder aufzubauen, gehörten die Mennoniten zur Bewegung der Täufer und waren für ihre fortschrittliche Landwirtschaft bekannt. 1698 wurde Anna Maria geboren. Erst kurz zuvor waren die zwölf mennonitischen Familien des Orts noch einmal aus Ibersheim geflohen, vertrieben durch die Verwüstungen der Franzosen im Jahre 1689 – und wieder zurückgekehrt.

1715, mit 17 Jahren, heiratete Anna Maria den zwölf Jahre älteren Hans Jörgli Bachmann aus Richterswil in der Schweiz. 1717 wurde ihr erster Sohn Heinrich geboren. Kurz danach wurde Bachmann vom Quäker William Penn in die Siedlung Pennsylvania nach Amerika berufen, zu seinem »heiligen Experiment«. Die Ibersheimer siedelten samt Baby über den Großen Teich und bekamen zehn weitere Kinder. Penn starb schon 1718. Das den Delaware-Indianern abgekaufte Land wurde Zuflucht für viele religiöse Minderheiten, auch für viele deutsche Auswanderer. Nicht nur ihnen boten sich Entfaltungsmöglichkeiten, auch die Indianer sollen fair behandelt worden sein.

1750 eröffnete Familie Bachmann in der neuen Heimat das erste Gasthaus namens »Siebenstern«. Die Eheleute Bachmann starben in Amerika, Anna Maria mit 78 Jahren, 23 Jahre nach ihrem Mann.

Die 1836 im klassizistischen Stil erbaute Mennonitenkirche in ihrem Geburtsort hat Anna Maria nie gesehen. Sie zeugt vom relativen Wohlstand Ibersheims im 18. und 19. Jahrhundert, dessen Einwohner keinen Frondienst leisten mussten. Die dominierenden Drei- und Vierseithöfe wirken heute noch wohlhabend. Es lohnt sich, mit offenen Augen durch das liebevoll gepflegte Dorf zu gehen. Nicht umsonst wurde Ibersheim in den Jahren 1972 bis 1974 Kreissieger im Wettbewerb »Unser Dorf soll schöner werden«.

Adresse Kirchplatz 1, 67550 Worms, www.mennoniten-ibersheim.de | **Anfahrt** am Ortseingang (von Rheindürkheim aus) dritte Straße rechts, Schild »Ortsverwaltung«, parken bei der Kirche | **Öffnungszeiten** Gottesdienst So 10 Uhr (14-tägig) | **Tipp** Ein beliebtes Ausflugsziel ist die ehemalige Rheininsel Ibersheimer Wörth. Im »Neuloch«, das 1824 bei einem Dammbruch ausgespült wurde, lassen sich je nach Jahreszeit Frösche oder blühende Seerosen bewundern.

99 Die Volksbühne

Das älteste deutsche Laientheater

Die Volksbühne Worms, 1908 als »Vereinigung zur Förderung klassischer und moderne Literatur« im Gasthaus zum Elefanten gegründet, besteht bis heute und gilt als das älteste noch aktive Amateurtheater Deutschlands. Gleich zu Anfang wagte man sich an den Klassiker »Der Kaufmann von Venedig« von William Shakespeare. Nur das Laientheater bot Gelegenheit, an Rollen zu kommen, die vielen Profis lange unerreichbar bleiben. Und der Ehrgeiz war groß. Innerhalb des Vereins stemmte man alles selbst: vom Stückeschreiben bis zum Bühnenbild, von der Plakatgestaltung bis zum Verkauf von Erfrischungen. Drei Stücke pro Saison schaffte man in guten Jahren. Manches Wormser Talent ging aus dieser Schmiede hervor, etwa Kirsten Zeiser, Begründerin des Theaters im Museumshof, oder Karl-Heinz Deichelmann, Erfinder der Heylshofmatineen.

1956, die Stadtverwaltung saß noch im Provisorium am Karlsplatz, bat Oberbürgermeister Heinrich Völker die Gruppe, ein Weihnachtsmärchen für Kinder zu geben. Dass das gar nicht so einfach war, beschreibt anschaulich der 2017 verstorbene Dramatiker Walter Passian in seinem Rückblick auf 30 Jahre Volkstheater. Über die magische Wirkung des Theaters dichtete er: »Menschen spielen echte Menschen, live im Jetzt und Hier. Keine Leinwand und kein Bildschirm trennen sie von dir.«

Gespielt wurde überall: auf dem Backfischfest, in Gaststätten, auf Burg Neuleiningen und auf Tournee durch Süddeutschland. Erst 1976 fand die Volksbühne eine feste Bühne in Neuhausen. Bis 1978 wurde viel umgebaut und gezimmert: Bühne, Garderoben, Einlass und Plätze für 99 Zuschauer. Man wuchs zusammen: Als einmal die gesamte Technik noch vor der Pause ausfiel, mimte das Publikum, kurzerhand instruiert, selbst Schüsse und Explosionen. Der Applaus war gigantisch. Vor der Corona-Zwangspause führte Peter Schmitt 2019 Regie bei der Komödie »Schlüssel für zwei«.

kleines theater der volksbühne worms

Adresse Würdtweinstraße 11, 67549 Worms, www.volksbuehne-worms.de | ÖPNV Bus 430, 434, Haltestelle Thomasstraße | Tipp In der nahen Von-Steuben-Straße kann man sich mit Bowl-Gerichten im »Best Joyz« stärken.

100 Die Wohnburgen

Repräsentatives Wohnen fürs Volk

Der städtische Baumeister Karl Hofmann und sein Nachfolger Georg Metzler haben Worms mit repräsentativen Bauten im neoromanischen Nibelungenstil ein einzigartiges Gesicht gegeben. Auch der Bauhausstil hat seine Spuren in Worms hinterlassen, etwa im Wohnbau der 1920er Jahre, der sich in der Würdtwein-, Bebel-, Gau- und Güterhallenstraße gut erhalten hat. Für diese Wohnburgen, die Anleihen vom Neobarock genommen haben, findet sich auch die Bezeichnung »Heimatstil«.

Georg Metzler wurde 1868 im rheinhessischen Wörrstadt geboren, studierte Hochbau an der Technischen Hochschule Darmstadt und war als Regierungsbaumeister und Kreisbauinspektor in Darmstadt und andernorts im Großherzogtum Hessen-Darmstadt tätig, bevor er 1899 Nachfolger des Wormser Stadtbaumeisters Karl Hofmann wurde. Um zu verhindern, dass er abgeworben wurde, trug ihm die Stadt die Ämter des Baudezernenten und Beigeordneten an. 1915 bis 1933 war er schließlich Bürgermeister.

Er vollendete Hofmanns begonnene Bauprojekte: die Westend- und die Nibelungenschule, die Martinspforte (siehe Ort 64), das Hauptgebäude und die jüdische Trauerhalle an der Hochheimer Höhe (siehe Ort 95). Weiterhin verschaffte er dem Straßenverkehr Durchbrüche an Andreas- und Raschitor. Für Wormser Schulen errichtete er ein Landschulheim in Neckarsteinach – »Hoher Darsberg« –, das heute als exklusive Hochzeits-Location gilt. Er baute den Schlachthof, der zum Kulturzentrum ausgebaut werden soll, die Sparkasse am Adenauerring (später Bürgerservice) und das Eleonoren-Gymnasium (siehe Ort 46). Beeinflusst vom österreichischen Stadtplaner Camillo Sitte, schwebte ihm ein urbanes, künstlerisch ambitioniertes Stadtbild vor.

Nach seiner Pensionierung zog Georg Metzler nach Wiesbaden, wo er 1948 starb. Bislang wurde in Worms keine Sraße nach ihm benannt.

Adresse Würdtweinstraße 10, 67549 Worms | ÖPNV Bus 430, 434, Haltestelle Thomasstraße | Tipp Auf eine lange studentische Tradition blickt die Kneipe »Funzel« in der nahen Güterhallenstraße zurück. Zeit für eine kleine Erfrischung!

101_Der Aulturm

Freiwillig im Ex-Knast wohnen?

Im vieltürmigen Pfeddersheim kondensiert mittelalterliche Bausubstanz auf engstem Raum. Von neun erhaltenen historischen Stadtmauertürmen sind mehrere heute in Wohnbauten integriert, andere werden als Solitäre im Wohngebiet gehegt und gepflegt. Auf einem ausgeschilderten Rundweg können alle neun Türme besucht werden. Der hohe, gut erhaltene Aulturm (Foto) war ehedem ein gefürchtetes Gefängnis. Wenige Meter von ihm entfernt liegt der kleinere Halbturm.

Pfeddersheim musste sich schon im 13. Jahrhundert dagegen wappnen, von den Fehden stärkerer Nachbarn in Mitleidenschaft gezogen zu werden. Mehrmals wurde es niedergebrannt. Immer wieder boten Stadtmauer und Türme Bürgern Zuflucht und sicherten Nahrungsvorräte. Für jeden Mauerabschnitt war ein sogenannter Letzenmeister mit Anwohnern aus der Bürgerschaft verantwortlich. Sie hielten ihren Abschnitt instand und schritten selbst zur Verteidigung.

1525 suchten Tausende aufständische Bauern in der damals nur gut 1.000 Einwohner zählenden Stadt Zuflucht. Im heute noch »Bluthohl« genannten Hohlweg Richtung Mörstadt wurden im Juni 5.000 nur mit Sensen und Dreschflegeln bewaffnete Bauern blutig niedergemetzelt – und die alte Reichsstadt Pfeddersheim anschließend von grausamen Strafaktionen heimgesucht. Noch lange färbte das Blut die Wege rot. Nach den Kriegen des 17. Jahrhunderts soll die Stadt nur noch ein paar Dutzend Männer gezählt haben. Daran und an den Wert des Friedens erinnern der Gedenkstein von Simon Knab in der Bluthohl und die Friedensstele von Horst Rettig auf dem Platz vor der Simultankirche.

Denkmäler für Bauern sind in Deutschland rar gesät. Ohne den Beitrag der Pfeddersheimer Kulturinitiative wäre es wohl auch in Worms nicht so rasch gelungen. Doch schon im Jahr 2000 konnte der damalige Präsident des Deutschen Bauernverbandes, Gerd Sonnleitner, zur Einweihung der beiden Denkmäler anreisen.

Adresse Aulstraße 22, 67551 Worms | **ÖPNV** Bus 405, Haltestelle Friedhof | **Tipp** Die nahe gelegene Pfeddersheimer Simultankirche ist einen Besuch wert. Auch ihr Turm war früher Teil der Pfeddersheimer Stadtbefestigung.

102 Der Jüdische Friedhof

Präsent und selbstbewusst

Welcher Optimismus in der jüdischen Gemeinde Pfeddersheims im 19. und frühen 20. Jahrhundert geherrscht haben muss, wird angesichts dessen, was danach kam, oft vergessen. Mehrere Wormser Vororte, darunter Pfeddersheim (seit 1832), hatten eigene jüdische Friedhöfe und verfügten über eine selbstbewusste Gemeinde.

Bis 1937 wurden auf dem Friedhof Juden aus Pfeddersheim, Pfiffligheim und Horchheim begraben. Heute sind noch 65 Grabsteine zu sehen. Das Gelände mit Blick auf die Rebhügel liegt oberhalb des kommunalen Friedhofs und ist durch eine Einzäunung geschützt. Dennoch wurde es in den vergangenen Jahren mehrfach Opfer von Friedhofsschändungen. Wie friedlich klingen dagegen die Botschaften auf den Grabsteinen! »Du gingst ins Land der Seligkeit ein. Wir denken stets an Liebe dein. Und hoffen dort in Himmelshöhen Ein ungetrübtes Wiedersehen«, ist auf dem Stein für Regina Salomon von Heppenheim aus dem Jahr 1883 zu lesen.

Die jüdische Gemeinde Worms war in vier Lehrbezirke aufgeteilt. Von Pfeddersheim aus wurden auch Monsheim, Pfiffligheim, Wachenheim und Mörstadt betreut. Abenheim, Herrnsheim und Heppenheim hatten eigene jüdische Friedhöfe.

Zeitgleich zum Friedhof erwarb die Gemeinde eine eigene Synagoge in der Kleinen Amtshofgasse der Altstadt, die erhalten ist. Im Sommer werden Wein und Snacks in der Wirtsstube und in dem kleinen Hof angeboten. Wiederholt suchte die Gemeinde nach Lehrern. Im »Israelit« annoncierte Vorstand Leo Leopold 1901: »Die Stelle eines Lehrers und Schächters bei der israelitischen Gemeinde Pfeddersheim […] ist […] zu besetzen, womit ein fixes Einkommen von 400 Mark nebst freier Wohnung verbunden ist. Verheiratete werden vorgezogen. Nebenverdienst für Schächten ungefähr 350 Mark.« 1904 forderte man im »Frankfurter Israelitischen Familienblatt«, jüdische Lehrer sollten dasselbe Gehalt beziehen wie Volkschullehrer.

Adresse Leiselheimer Straße 40, 67551 Worms | ÖPNV Bus 405, Haltestelle Friedhof, rechts hinter dem kommunalen Friedhof in den Wingert hochgehen – das Gelände liegt links erhöht | Tipp Die Hochheimer Höhe umfasst den modernen jüdischen Friedhof.

103 Riesling-Urkunde und Scheurebe

Am Ursprung des Rieslings

In den Wingerten um Pfeddersheim stößt man an der alten Weinlage Am Fohndel (»Am Quellchen«) auf das Konterfei einer Urkunde von 1511 – die sogenannte Riesling-Urkunde. Es geht darin um die Verpfändung des Riesling-Wingerts an dieser Stelle. Riesling wuchs wohl schon einige Jahre zuvor um die alte Reichsstadt Pfeddersheim, die als Heimat des ältesten erhaltenen Riesling-Wingerts Deutschlands gelten darf. In einer Rüsselsheimer Urkunde der Grafen zu Katzenelnbogen von 1435 wird der Erwerb von 16 Riesling-Setzlingen erwähnt. Heimatforscher halten es für denkbar, dass sie aus Pfeddersheim stammten. In einer Urkunde von 1490 bestätigt ein Minister am Wormser Andreasstift, er habe »funff virteil wingart ist Rußlinge hinder kirßgarten« als Sicherheit für einen Kredit geleistet.

Besser dokumentiert in Pfeddersheim ist die Scheurebe. 1916 wurde sie von Weinbau-Oberinspektor Julius Georg Scheu in Alzey gezüchtet, eine Kreuzung aus Riesling und Bukettraube, die ihrerseits aus Silvaner und Trollinger gekreuzt wurde. Die Scheurebe wurde die erfolgreichste deutsche Neuzüchtung nach dem Müller-Thurgau. Ihren Boom hat sie zwar hinter sich, doch schaffen es ausgereifte Scheurebe-Weißweine noch immer, als Prädikatsweine ausgezeichnet zu werden. Schlecht gereift können Scheurebe-Weine allerdings auch durchfallen.

Georg Scheu stammte eigentlich aus Krefeld, studierte Weinbautechnik in Geisenheim bei Wiesbaden und war 1909 bis 1947 verantwortlich für die Züchtungen in den Rebschulen Pfeddersheim und Alzey. Er gilt als Begründer der Rebenzüchtung in Rheinhessen, war Berater für Wein- und Obstbau bei der Landwirtschaftskammer in Alzey und züchtete weitere Reben. Die größte Bedeutung erlangte jedoch der »Sämling 88«, erst später Scheurebe benannt. An der ehemaligen Rebenzuchtstation steht in Pfeddersheim heute eine Gedenktafel.

Adresse Am Fohndel, 67551 Worms | ÖPNV Bus 405, Haltestelle Paternusbad, 15 Minuten Fußweg über Fußballplatz TSG Pfeddersheim in Richtung der nach Flörsheim-Dalsheim führenden Straße | Tipp Vor der Bergschule gibt ein Wegweiser Hinweise auf die in Pfeddersheim ansässigen Weingüter.

104 Das Schulmuseum

Gemeinsam den Rohrstock zerbrochen

Bei seiner Eröffnung 1998 war es das erste Schulmuseum in Rheinland-Pfalz. Bis heute wird das charmante Museum am »Originalschauplatz«, in den Räumen der alten Bergschule, betrieben. Nach seinem Initiator heißt es Professor-Bertlein-Schulmuseum. Hochschullehrer für Pädagogik und Literatur Hermann Bertlein sammelte die ersten Schiefertafeln, Griffel, Schulbänke, Lederranzen und Schautafeln auf Dachböden. Seit seinem Tod 1994 kümmert sich der Heimatverein um das Museum.

Schulpflicht bestand im Großherzogtum Hessen-Darmstadt erst mit der preußischen Regierung der 1870er Jahre. Für die Kinder von Arbeiterfamilien, die sich nach den Unternehmensgründungen von Braun und Enzinger ansiedelten, wurde 1892 die Bergschule gebaut. Acht Klassen umfasste die Volksschule, im 19. Jahrhundert noch unter einem einzigen Lehrer. Die meisten Objekte stammen aus der Zeit von 1900 bis 1960 – das älteste ist eine Schülertafel von 1830. Unikate sind die Landkarten, ein Geschichtsatlas von 1851, ein Globus von 1895, ein Lesebuch von 1841, Schönschreibhefte aus der Zeit um 1860 sowie Naturschautafeln – genug Material, um einen historischen Film über die Schule von früher zu drehen.

Körperliche Züchtigung gehörte lange dazu. Der 23-jährige Junglehrer Ferdinand Rahn, der 1960 einen Störenfried aus der letzten Bank nach vorne zitierte, wunderte sich, als der sich auf eine Bank legte, um seine Prügel zu empfangen. Der Lehrer ließ sich von den Kindern den Stock zeigen und vereinbarte mit ihnen, darauf zu verzichten. Gemeinsam zerbrachen sie das Unding. Erst 1973 wurde die Prügelstrafe in Deutschland abgeschafft, das Züchtigungsrecht von Eltern erst 2000. Seither haben Kinder ein Recht auf gewaltfreie Erziehung. Neben Körperstrafen sind auch seelische Verletzungen und entwürdigende Maßnahmen unzulässig. Da stimmt es schon etwas nachdenklich, wenn Schulklassen heute »Schule früher« im Schulmuseum buchen – Rohrstock inklusive!

Adresse Schulmuseum in der alten Bergschule, Heinrich-Schmitt-Platz, 67551 Worms, www.heimatverein-pfeddersheim.de, Tel. 06247/907307 | **ÖPNV** Bus 405, Haltestelle Paternusbad | **Öffnungszeiten** So 14–17 Uhr, Führungen und historische Schulstunden nach Vereinbarung | **Tipp** Weitere Heimatmuseen gibt es in den Wormser Stadtteilen Weinsheim, Herrnsheim, Horchheim und Abenheim.

105__Der Burgturm

Rapunzels Traum, erfüllt vom Schuhfabrikanten

Englische Gärten sind in Worms nichts Besonderes. Neben dem »Wäldchen« (siehe Ort 66) und dem Herrnsheimer Schlosspark (siehe Ort 94) gehört auch der Pfrimmpark dazu, in dem alte Bäume und schattige Wiesen zum Spielen, Joggen und Spazieren einladen. Dem damaligen Zeitgeschmack entsprechend, bereichert ein Rapunzelturm wie aus dem Märchenbuch die Natur – eine künstliche Ruine mit auffälligen Zinnen und einem neugotischen Fensterchen aus dem Jahr 1900. Der gesamte Park wurde 1896 bis 1898 angelegt, finanziert vom Schuhfabrikanten Karl Bittel, der ihn 1908 zu einem symbolischen Preis an die Stadt Worms verkaufte. Ausgeführt wurden die Arbeiten nach Plänen von Karl Völzing durch den Gärtner Ignatz Racing. Bittel genehmigte sich selbst die nach ihm benannte Jugendstilvilla über dem Park und seiner Familie ein Urnen-Mausoleum, heute ebenfalls Bestandteil des Parks. Eine Gedenkplatte auf einem Findling in der Nähe des Burgturms erinnert an den großzügigen Spender.

Zwar wurde der Park im Jahr 1932 offiziell nach Bittel benannt, doch ist der Volksmund beim »Pfrimmpark« geblieben. Durch Geländeerhebungen und -senkungen und architektonische Sahnehäubchen wie einen ansehnlichen Teepavillon wirkt das schmale Wiesenband um die Pfrimm geräumiger, als es wirklich ist. Über seine gesamte Länge bis ans Ortsende von Pfiffligheim erreicht der Pfrimmpark eine Gesamtfläche von 6,5 Hektar. In Hochheim und Pfiffligheim wird er von einigen sehenswerten Villen gesäumt, darunter das »Kanzeleck« und imposante Bauten mit originellem Schmuckfachwerk. Weitere Kuriosa hat der Pfiffligheimer Heimatverein zu einem Rundweg mit 18 Stationen zusammengestellt. Dazu gehören die Fußgängerbrücken, die bekannte Pfrimm-Furt »Ochsenklavier« mit Fischtreppe und eine ursprünglich als Teich angelegte Sandspielfläche. Auf dem Rundweg stößt man zudem auf angeblich keltische Siedlungsreste.

Adresse Karl-Bittel-Villa, Donnersbergstraße 45, 67549 Worms | ÖPNV Bus 405, Haltestelle Weißheimer Straße | Tipp Auf der Pfiffligheimer Seite des Pfrimmparks gelangt man über einen schon im Mittelalter gebauten Hochwasserdamm auf den rheinhessischen Jakobsweg.

106 Das Lutherbaum-Schiff

Luthers Nachleben als Zweimaster

Schon im 19. Jahrhundert wurde Luthers in Worms gedacht: 1868 mit dem monumentalen Reformationsdenkmal, dem größten weltweit. Bis dahin war eine gigantische Ulme mit elf Metern Stammumfang, angeblich aus Luthers Zeit, im Vorort Pfiffligheim Schauplatz von Gedenkfeiern. Legenden rankten sich um sie. Ob der damals kleine Baum später so wuchs, weil eine zweifelnde Wormser Marktfrau ihn mit den Worten provozierte: »Hätte der Luther recht, würde eher dieser dürre Stecken zum Baum!« Wahlweise soll Junker Martin selbst ausgerufen haben: »Wie dies Reislein zum Baume erwächst, werden sie meine Lehre nicht dämpfen!« Liebevoll malt ein Autor der Leipziger »Gartenlaube« von 1883 aus, welche Ereignisse der alte Baum bezeugen konnte:

»So schauerte schon der Ulme grüner Wipfel, als am nahen Georgenberg die Pfälzer Bauern von der vereinigten Macht der Fürsten […] niedergehauen wurden, daß die Pfrimm roth von Blut vorüberfloß, während die Landsknechte unter der Luther-Ulme um ihre Gefangenen knöchelten. Nach hundert Jahren sah sie Dorf und Feld verödet, Spanier und Croaten gleich Wölfen des Weges kommen, die Finnen- und Smaländer-Regimenter Gustav Adolf's vorüberziehen.«

1870 wurde der Baum durch einen Sturm vernichtet. Der hohle Stamm blieb jedoch erhalten, und eine junge Ulme wuchs darin nach. Aus den mächtigen Ästen schnitzte ein geschickter Wormser 1883 ein Segelschiffsmodell und taufte es auf den Namen »Dr. Martin Luther«. Seit 1903 schlummerte es im städtischen Museum. Anlässlich des Lutherjahrs setzte es dessen Restaurator instand, sodass es kurz gezeigt werden konnte: eine Mischung aus Rahsegler und Rheinlastschiff. Pinne und Rumpf erinnern an Plattbodenschiffe, die Takelage mit Tauwerk, Taljen, Klüver- und Besanmast sowie Rahsegeln an die großen Hochsee-Segler. Die Kajüte sieht aus wie eine Puppenstube. Wann es im Museum gezeigt wird, ist noch unklar.

Adresse Lutherbaum, Lutherbaumstraße, 67549 Worms | ÖPNV Bus 401, 415, Haltestelle Lutherbaumstraße | Tipp Zwischen Herrngasse und Pfrimm betreibt die Caritas in Pfiffligheim einen Gemeinschaftsgarten, in dem sich Jung und Alt bei gärtnerischem Engagement austauschen können. Pfadfinder und BUND nutzen ihn ebenfalls für Freizeitaktivitäten.

107_Die Feuerwache gestern und heute

Zwischen Rettung und Katastrophe

Nah am Deich wurde im 19. Jahrhundert die Feuerwache (rechts im Bild) gebaut. Ihr moderner Nachfolgebau steht ebenfalls nicht weit vom Wasser. Heute leisten in ganz Worms 66 Berufsfeuerwehrleute Dienst, in Abenheim, Heppenheim, Herrnsheim, Pfeddersheim und Wiesoppenheim, Hand in Hand mit den Freiwilligen Feuerwehren.

Etwa 1.020 Menschen sterben in Deutschland jährlich bei Wohnungsbränden: die Hälfte trotz aller Rettungsmaßnahmen später in der Klinik. Die Todesursache lautet zumeist Rauchvergiftung. Einmal jährlich pro 100.000 Einwohner ist rein statistisch mit einem kritischen Wohnungsbrand zu rechnen.

In die Schlagzeilen geriet Rheindürkheim 2008, als beim Löschen im Siloturm der GlobalMalt GmbH – ehemals Schill Malz – ein Feuerwehrmann tödlich verunglückte und sieben schwer verletzt wurden. Beim Löschen eines Schwelbrands war es zu einer Explosion gekommen, die ein acht mal zwölf Meter großes Loch in das Silo gerissen hatte. Ein Jahr nach dem Unglück nahm sich der Einsatzleiter, der seither querschnittsgelähmt gewesen war, das Leben. Besonders bitter für die Hinterbliebenen: Im Schadensersatzprozess 2014 wurde ihm posthum die Schuld für die Explosion angelastet. Schill Malz, eine der großen Mälzereien Deutschlands mit 200.000 Tonnen Malzkapazität an vier Standorten, nannte sich zuvor einmal Pionier bei der Turm-Mälzerei. Nach dem Unglück wurden die Standorte in Rheindürkheim und Osthofen aufgelöst und die Firma mehrfach weiterverkauft.

Seit 2020 verbessert ein neues Landeskatastrophenschutzgesetz die Bedingungen für die Feuerwehren. Die Feuerwehr- und Katastrophenschutzschule wurde zu einer Akademie ausgebaut, und den verantwortungsvollen Führungsaufgaben wird nun ein höherer Stellenwert beigemessen.

Adresse Rheinuferstraße 24, 67550 Worms | Anfahrt B 9, Ausfahrt Rheindürkheim | Tipp Der große Platz vor Ortsverwaltung und neuer Feuerwehr wird zum Mittelpunkt des jährlichen Rheinperlenfests im Juni.

108 Ein Industriepark als Naturoase

Von Schiffern und Perlenköniginnen

Hinter dem Restaurant Rheinperle am Südrand von Rheindürkheim beginnt ein beliebter Jogging- und Walking-Weg. In strahlender Morgensonne kann man einen Teil des Proland-Betriebsgeländes zu Fuß passieren, während nebenan Schiffe beladen werden. An den Rändern werden alte Bahngleise, Kräne, Lagerhallen und Warnschilder langsam vom Buschwerk zurückerobert. Der Naturschutzbund (NABU) fördert die Industriebrache als Schutzgebiet und hat zusammen mit Energieerzeuger EWR an einem Umspannturm Nistkästen für Turmfalken und Mehlschwalben errichtet. Der Uferweg führt mit Unterbrechungen am Ortskern des Schifferorts vorbei, weiter Richtung Ibersheim. Den Weg säumen Schifferhäuschen, Industrieromantik mit Kran und Baggerschaufel (Foto), Laderampen zum Ufer, herausgeputzte ehemalige Fähr- und Zollhäuschen und die Schiffsmastanlage »Rheintreue«.

Um 1900 wandelte sich der Rheinschiffer- zum Industrieort: Eine Bahnstrecke nach Osthofen nahm den Betrieb auf. Während des Zweiten Weltkriegs führte sogar eine Rheinbrücke nach Nordheim (siehe Ort 18), die vor dem Einmarsch der Amerikaner jedoch gesprengt wurde. Schon 1878 produzierte ein Werk Strohzellstoff für die Papierproduktion. Das älteste derartige Werk in Deutschland deckte jahrzehntelang den gesamtdeutschen Bedarf. Von 1918 bis 1939 brachten die Vereinigten Strohzellstofffabriken mit Sitz in Coswig bei Dresden Wohlstand. 1948 bis zur Stilllegung 1963 verlegte die Firma ihren Sitz nach Rheindürkheim. Seither prägen Malzproduktion und Logistik den Ort. 1969 nach Worms eingemeindet, bewahrte sich Rheindürkheim seinen wasseraffinen Charme im Brauchtum: Am 1. Mai entsteigt eine Rheinperlenkönigin den Fluten, im Juni folgt das Rheinperlenfest. Selbst der Nikolaus scheut das Wasser nicht und schippert Geschenke für die Kinder der Schiffsbesatzungen über den Rhein.

Adresse Rheinperle, Am Fahrt 1, 67550 Worms | Anfahrt B 9, eine Ausfahrt vor Ortsausfahrt Rheindürkheim | Öffnungszeiten Di–So 11–22 Uhr | Tipp Im großen Biergarten der »Rheinperle« kann man den Sommerabend ausklingen lassen, während die Kinder auf dem Spielplatz turnen. Im Winter bieten große Fenster einen guten Blick auf die vorbeiziehenden Rheinpötte.

109__Die Rheinaue

Biken durch die Auenlandschaft

Besonders romantisch und noch nicht überlaufen ist das Rheinufer bei Rheindürkheim. Kein Wormser Ortsteil ist der Umarmung des Flusses näher. Und kaum ein Spielplatz wirkt naturverbundener als derjenige an der Rheinuferstraße am nördlichen Ortsausgang. Von dort führen verschiedene Wege durch die Auenwälder. Reizvoll ist der Dammweg nach Ibersheim mit dem Fahrrad. Ministrände laden zum Sonnenbaden und Picknicken ein. Doch Vorsicht vor dem verlockenden Bad im Rhein: Immer wieder ertrinken Menschen, die die Strömung unterschätzen.

Der touristische »Rheinterrassenweg« ist nur ein Weg innerhalb eines ganzen Netzes von Radwanderwegen um Worms. Die europäische Velo-Route »Rhein-Radweg« führt auf 90 Kilometern durch Auenwälder, über Hamm und den Eicher See nach Oppenheim und Bingen. In Rheinhessen liegen damit zwei Tagesetappen dieses über 1.000 Kilometer langen Fernradwegs. Abschnitte und Abstecher ins Wonnegau, die sogenannte »Hiwwel-Route« (hochdeutsch: Hügelroute), sind sehr zu empfehlen. Nur 25 Kilometer lang, dafür aber sehr weinlastig ist die Route von Worms über Pfiffligheim, Pfeddersheim und Monsheim nach Marnheim entlang der Pfrimm durchs liebliche Zellertal (siehe Orte 110 und 111). Und ein bisschen von allem bietet eine »Tour de Worms« von der Wormser Rheinpromenade über Monsheim nach Flörsheim-Dalsheim und – auf dem Mühlenweg den Seebach entlang – nach Osthofen. Über den Rheinterrassenweg geht es zurück nach Worms: mit 44 Kilometern eine mittlere Strecke, bei der auch nur 110 Höhenmeter zu überwinden sind.

Zwischen Worms und Speyer wurden außerdem 140 Kilometer eines steigungsarmen Rundwegs in Form einer Acht als »Salierradweg« ausgewiesen. Er führt am Silbersee bei Bobenheim-Roxheim und am südlichen Rheinufer von Worms entlang über die Innenstadt weiter in die Ortsteile Horchheim und Heppenheim und von dort ins pfälzische Dirmstein.

Adresse Rheinuferstraße, 67550 Worms, www.rheinhessen.de | **ÖPNV** Bus 432, Haltestelle Rheinufer | **Tipp** Auf Radtouristen haben sich die Weingüter entlang der Rheinroute mit einem Angebot von »Vesper & Wein« eingestellt: In Osthofen wechselt sich ein Dutzend Weingüter an den Wochenenden ab. Infos: www.osthofen.de.

110_Der Blick ins Zellertal

Idyllische Escapes inklusive Pistolenruß

Im Ort Zell, der dem Zellertal seinen Namen verliehen hat, locken gleich zwei originelle Möglichkeiten, die Nacht zu verbringen: der legendäre »Schwarze Herrgott«, angesagt bei Bikern mit und ohne Motor; und das Palais Hotel Kollektur mit mondäner Behaglichkeit.

Seit 1930 wird auf Etiketten der Weinlage Schwarzer Herrgott das vom Wormser Alfons Brand gebaute Denkmal und Wahrzeichen des Zellertals dargestellt, das die Einheit aller Zellertalgemeinden symbolisiert. Jeder der sechs Pfeiler steht für eine Gemeinde, an deren Gefallene aus dem Ersten Weltkrieg erinnert wird. Mindestens ebenso sehenswert ist die Villa am Ortseingang von Zell mit ihrem liebevoll gestalteten Aushängeschild: der Schwarze Herrgott, ein alter Familienbesitz mit unverwechselbarem Flair. Durstigen Radlern schmeckt eine Schorle, Reisende nächtigen in den nostalgischen Gastzimmern und setzen ihre Tour nach dem Frühstück fort.

Einige Zimmer mehr und ein Hochzeitszimmer mit Landhaus-Flair bietet das Hotel Kollektur ortseinwärts. Hier schweift der Blick von der Sonnenterrasse weit ins Rebental. Im 16. Jahrhundert gab es in Zell ein Stift, benannt nach Sankt Philipp, der um 1300 die Siedlung gründete. Nach der Auflösung des Stifts kam die Universität Heidelberg, die älteste Deutschlands, in den Genuss der Erträge der umliegenden Dörfer durch die Hand des Kurfürsten von der Pfalz. 1704 bestellte die Lehranstalt einen Verwalter für ihre »Kollektur Zell«. Zu diesem Zweck wurde 1750 das heutige Palais gebaut. Am 7. Februar 1789 soll der letzte Kollektor, Anton Blank, in seiner Schreibstube durch eine losgegangene Pistole gestorben sein: eine von vielen kuriosen Geschichten, in deren Mittelpunkt die Kollektur stand. 1797 wurde das Haus französisches Nationalgut, 1848 Treffpunkt der Demokraten und später Gastwirtschaft. In den 1990er Jahren wurde es restauriert. So reichen in Zell Idylle und Historie einander die Hand. Welche Schätze die Wingerte im Zellertal wohl noch bergen?

Adresse Hotel Schwarzer Herrgott, Hauptstraße 4, 67308 Zellertal | **Anfahrt** über Monsheim | **Tipp** 1930 entdeckte ein Winzer auf einem Wingert bei Mölsheim eine reich verzierte Gewandfibel aus dem 7. Jahrhundert, also aus merowingischer Zeit. Heute ist sie im Landesmuseum Darmstadt ausgestellt.

111 Zellertal-Wanderungen

Das Rebenmeer und der »Schneggewoi«

Was liegt zwischen rheinhessischem und Pfälzer Wein und ist flüssig? Richtig: die Pfrimm! Im Tal um den Ort Zell, wohin sich der heilige Philipp aus der Welt zurückzog, ist die Welt noch in Ordnung. Nur eine Viertelstunde mit dem Auto von Worms entfernt schlängeln sich Wanderwege durch die Reben, die auch von Radfahrern genutzt werden. Unterwegs gibt es das tempelartige Denkmal für die Gefallenen des Zellertals zu sehen, außerdem ein spätmittelalterliches Burghaus, phantasievolle Wingerthäuschen, das Kruzifix am »Schwarzen Herrgott«, das Fragment eines Viadukts, einen Hinkelstein bei Einselthum und zahllose Kirchturmmotive im Rebenmeer. Wer nicht im Herbst mit seinem orangerot flammenden Rebenpanorama hier war, kann nur eine ungefähre Vorstellung von der Schönheit dieses verwunschenen Tals haben.

Zur Merowingerzeit sind Weinreben im Zellertal bezeugt, doch der Weinbau geht schon auf die Römer zurück. Die bekannteste Lage ist der »Schwarze Herrgott«. Die Temperaturen sind mild, die Sonne verwöhnt die Südhanglagen. Der Regen wird am Donnersberg festgehalten, der hier jedes Panorama krönt. Die Hangneigung begünstigt die Sonneneinstrahlung, die Weine munden fruchtig, samtig und ausgewogen im Säuregehalt. Mandel- und Feigenbäume gedeihen prächtig.

Regelmäßig laden die Zellertal-Gemeinden zu Weinproben bei Live-Musik ein, und für die leibliche Stärkung wird auch gesorgt. In Wachenheim kommen Liebhaber von Schlössern auf ihre Kosten: Das beeindruckende Schloss Lüll mit seinem Wohnturm stammt aus dem 14. Jahrhundert und beherbergt ein Weingut. Seit 1889 in Familienbesitz, lassen sich Schloss und Park für Veranstaltungen buchen.

Eine Sehenswürdigkeit ist auch der vereinsbetriebene »Schneggewingert« bei Mölsheim. Die Reben wachsen in großen Spiralen, in denen sich der Wind verfangen soll. Was für ein Wein dabei herauskommt? Schneggewoi natürlich!

Adresse Schneckenwingert, 67308 Zellertal, www.wingertschnegg.de | Anfahrt per Auto oder Rad von Mölsheim vom Zeller Weg rechts in den Schlittweg in den Wingert abbiegen | Tipp Besonders reizvoll ist die Anreise mit der historischen, renovierten Zellertalbahn (www.zellertal-aktiv.de/portfolio-item/zellertalbahn) von Monsheim aus.

1
Schafhausen
Framersheim
Frettenheim
Alzey
Gau-Heppenheim
Dittelsheim-Heßloch
4
5
Dautenheim
Bechtheim
3
Hochborn
Monzernheim
Hangen-Weisheim
Dintesheim
Eppelsheim
28
26
25
24
27
A61
Westhofen
Gundersheim
Flomborn
9
Bermersheim
Abenheim
Ober-Flörsheim
10
Gundheim
Mörstadt
Flörsheim-Dalsheim
6
Einselthum
Zell
111
110
Mölsheim
Niefernheim
Harxheim
Monsheim
15
16
103
102
101
104
Leiselheim
Pfeddersheim
Wachenheim
22
Hohen-Sülzen
Kindenheim
Bockenheim an der Weinstraße
Offstein
Heppenheim
Wiesoppenheim
Obrigheim (Pfalz)
Colgenstein
A61
Heidesheim
Quirnheim
Asselheim
Großniedesheim
Mertesheim
Grünstadt
Obersülzen

Rhein
Alsheim
2
Eich
Gernsheim
Mettenheim
Hamm am Rhein
Klein-Rohrheim
Ibersheim
Groß-Rohrheim
Osthofen
Rheindürkheim
Wattenheim
Biblis
Nordheim
Bobstadt
Herrnsheim
Hofheim
Riedrode
Neuhausen
Hochheim
3
4
Bürstadt
Rodstücke
Sonneneck
Pfiffligheim
Rosengarten
Worms
Boxheimerhof
Karl-Marx-Siedlung
Horchheim
Rhein
Weinsheim
Lampertheim
Kleinniedesheim
Bobenheim-Roxheim
N
0
1 km

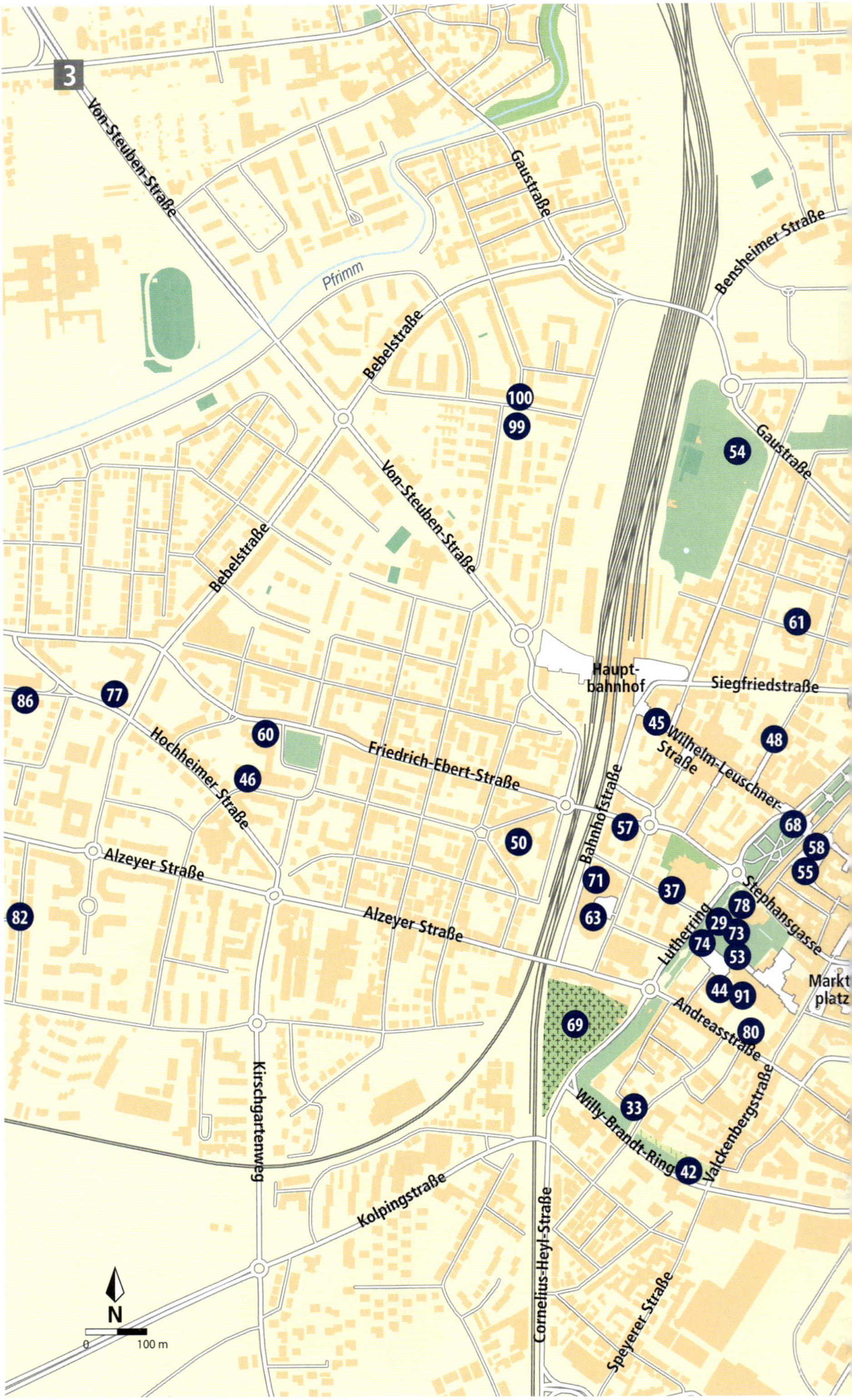

3
Von-Steuben-Straße
Gaustraße
Pfrimm
Bensheimer Straße
Bebelstraße
100
99
54
Gaustraße
Von-Steuben-Straße
Bebelstraße
61
Haupt-
bahnhof
Siegfriedstraße
86
77
45
Wilhelm-Leuschner-
Straße
48
60
Friedrich-Ebert-Straße
Hochheimer Straße
46
Bahnhofstraße
57
68
50
58
55
Alzeyer Straße
71
37
Stephansgasse
78
82
63
Alzeyer Straße
Lutherring
29
73
74
53
Markt
platz
44
91
69
Andreasstraße
80
Kirschgartenweg
Valckenbergstraße
33
Willy-Brandt-Ring
42
Kolpingstraße
Cornelius-Heyl-Straße
N
0
100 m
Speyerer Straße

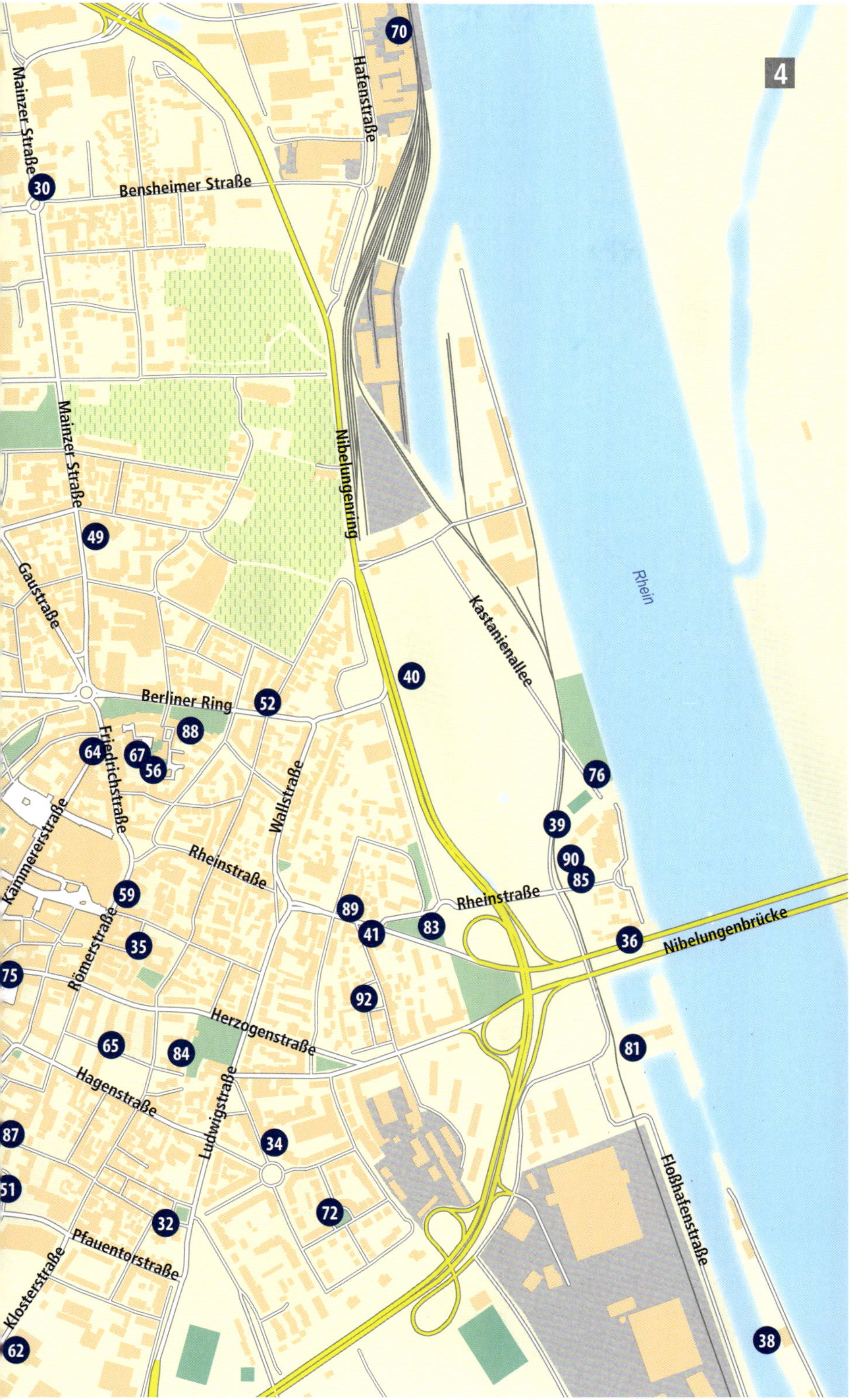
4
Mainzer Straße
Bensheimer Straße
Hafenstraße
Nibelungenring
Kastanienallee
Rhein
Gaustraße
Berliner Ring
Friedrichstraße
Wallstraße
Kämmererstraße
Rheinstraße
Rheinstraße
Nibelungenbrücke
Römerstraße
Herzogenstraße
Hagenstraße
Ludwigstraße
Floßhafenstraße
Pfauentorstraße
Klosterstraße
70
30
49
40
52
88
64
67
56
76
39
90
85
59
89
41
83
36
35
75
92
65
84
81
87
34
51
72
32
38
62

Peter Bieg, Maximilian Staub
111 Orte in Trier, die man gesehen haben muss
ISBN 978-3-7408-1294-2

Daniel Robbel, Dirk Unschuld
111 Orte im Ahrtal, die man gesehen haben muss
ISBN 978-3-7408-1370-3

Stefanie Jung
111 Orte in Rheinhessen, die man gesehen haben muss
ISBN 978-3-7408-1307-9

Elisabeth Friesenhahn, Peter Friesenhahn
111 Orte im Hunsrück, die man gesehen haben muss
ISBN 978-3-7408-1090-0

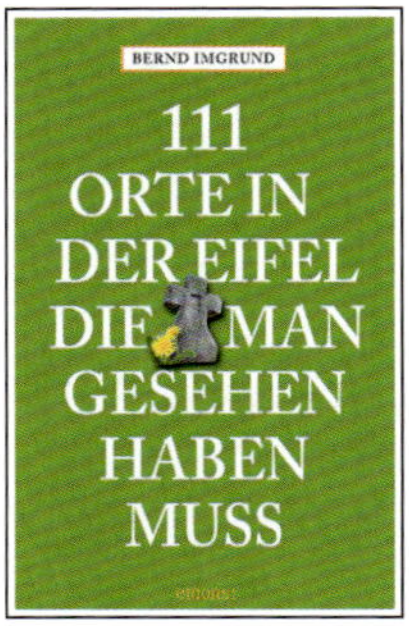

Bernd Imgrund
111 Orte in der Eifel, die man gesehen haben muss
ISBN 978-3-7408-1231-7

Bernd Imgrund
111 Orte in der Eifel, die man gesehen haben muss, Band 2
ISBN 978-3-7408-0552-4

Christina Kuhn, Christian Löhden
111 Orte in der Pfalz, die man gesehen haben muss
ISBN 978-3-7408-1192-1

Barbara Kemmer, Frank Schmitt
111 Orte in Koblenz, die man gesehen haben muss
ISBN 978-3-7408-0439-8

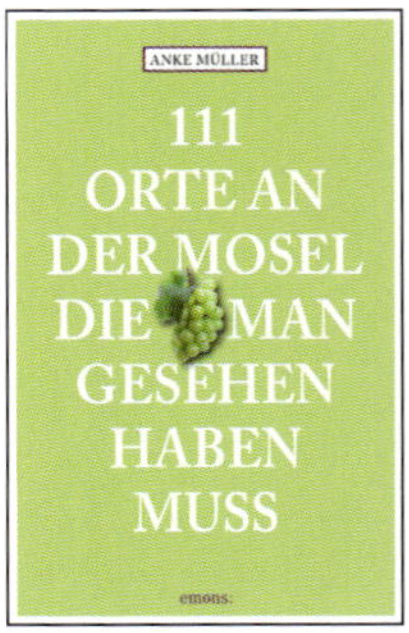

Anke Müller
111 Orte an der Mosel, die man gesehen haben muss
ISBN 978-3-95451-325-3

Stefanie Jung
111 Orte in Mainz, die man gesehen haben muss
ISBN 978-3-95451-041-2

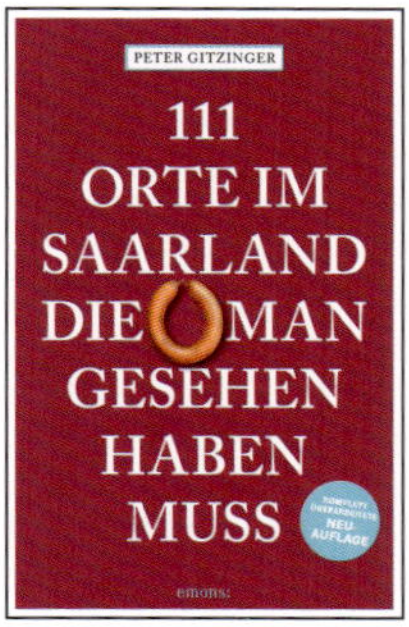

Peter Gitzinger
111 Orte im Saarland, die man gesehen haben muss
ISBN 978-3-7408-1265-2

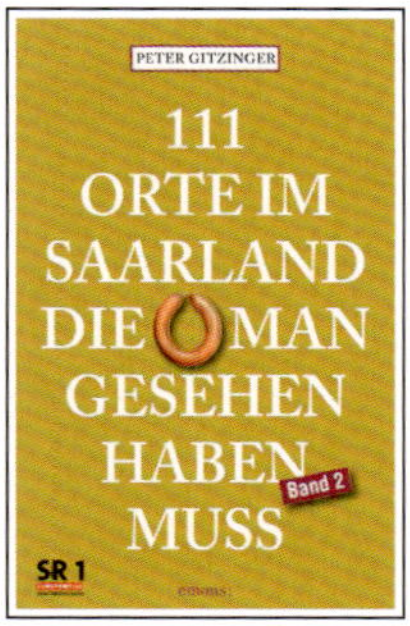

Peter Gitzinger
111 Orte im Saarland, die man gesehen haben muss, Band 2
ISBN 978-3-89705-886-6

Laszlo Trankovits
111 Orte rund um den Äppelwoi, die man gesehen haben muss
ISBN 978-3-7408-0861-7

Tim Frühling
111 Orte in Mittelhessen, die man gesehen haben muss
ISBN 978-3-7408-1232-4

Tim Frühling
111 Orte in Osthessen und in der Rhön, die man gesehen haben muss
ISBN 978-3-7408-0127-4

Dietmar Hoos
111 Orte in Kassel, die man gesehen haben muss
ISBN 978-3-7408-1188-4

HP Mayer
111 Orte im Rheingau, die man gesehen haben muss
ISBN 978-3-7408-0999-7

Anna Köhler
111 Orte in Offenbach, die man gesehen haben muss
ISBN 978-3-7408-0982-9

Holger Grumt Suárez,
Rolando Grumt Suárez
111 Orte in und um Gießen, die man gesehen haben muss
ISBN 978-3-7408-0971-3

Ingo Stock
111 Orte im Werra-Meißner-Kreis, die man gesehen haben muss
ISBN 978-3-7408-0855-6

Sonja Morawietz,
Hartmut Heinemann
111 Orte in Darmstadt, die man gesehen haben muss
ISBN 978-3-95451-920-0

Dorothee Fleischmann
111 Orte im Taunus, die man gesehen haben muss
ISBN 978-3-7408-1420-5

Cornelia Lohs
111 Orte in Mannheim, die man gesehen haben muss
ISBN 978-3-7408-0554-8

HP Mayer
111 Orte in Heidelberg, die man gesehen haben muss
ISBN 978-3-7408-0246-2

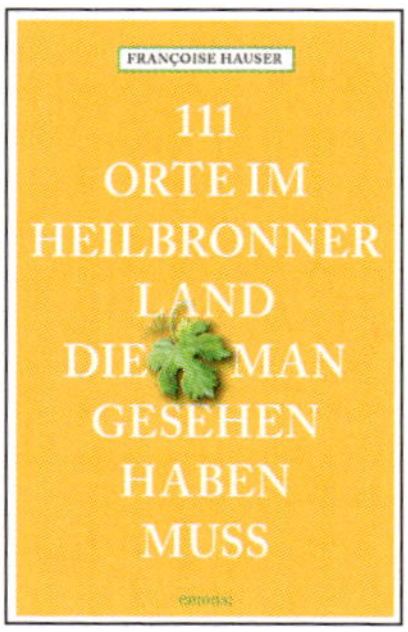

Françoise Hauser
111 Orte im Heilbronner Land, die man gesehen haben muss
ISBN 978-3-95451-842-5

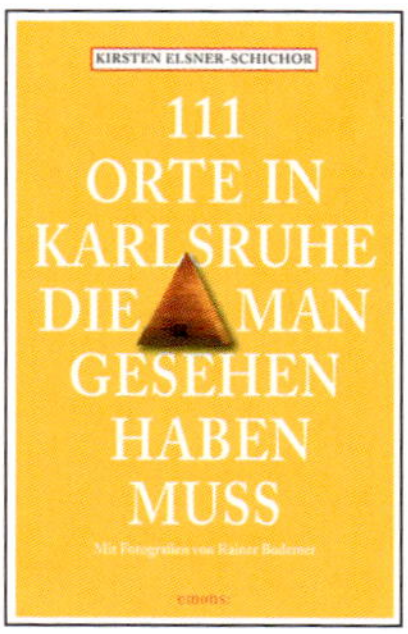

Kirsten Elsner-Schichor
111 Orte in Karlsruhe, die man gesehen haben muss
ISBN 978-3-95451-593-6

Renate Bugyi-Ollert,
Bernhard Horsinka
111 Orte in und um Würzburg die man gesehen haben muss
ISBN 978-3-7408-1343-7

Dietmar Bruckner, Jo Seuß
111 Orte in Nürnberg, die man gesehen haben muss
ISBN 978-3-7408-1019-1

Sabine Becht, Sven Talaron
111 in und um Bamberg, die man gesehen haben muss
ISBN 978-3-7408-1186-0

Dietmar Bruckner, Michaela Moritz
111 Orte in der Fränkischen Schweiz, die man gesehen haben muss
ISBN 978-3-7408-1089-4

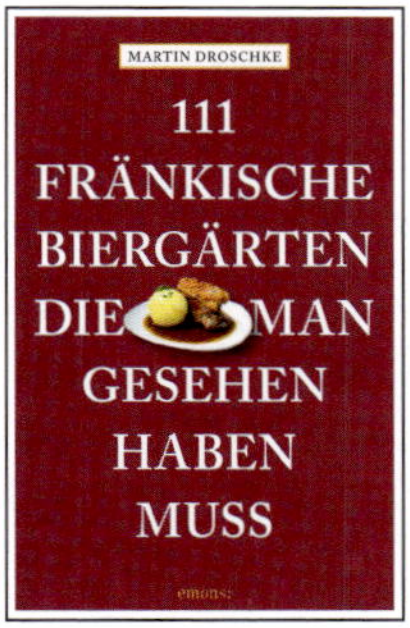

Martin Droschke
111 fränkische Biergärten, die man gesehen haben muss
ISBN 978-3-7408-0851-8

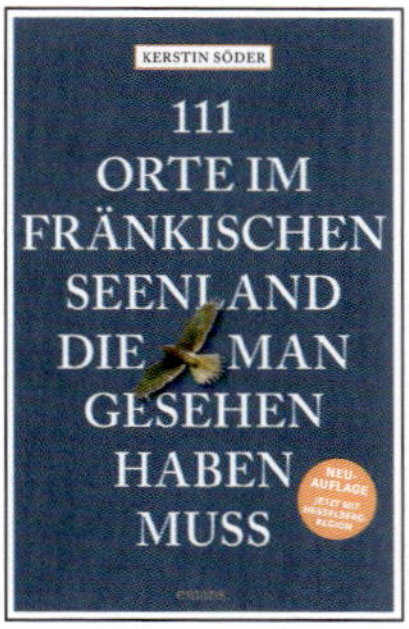

Kerstin Söder
111 Orte im Fränkischen Seenland, die man gesehen haben muss
ISBN 978-3-7408-1072-6

Bernd Flessner
111 Orte in der Oberpfalz, die man gesehen haben muss
ISBN 978-3-7408-0873-0

Eva Krötz
111 Orte im Oberpfälzer Wald, die man gesehen haben muss
ISBN 978-3-7408-0331-5

Oliver Ultsch
111 Orte in und um Coburg, die man gesehen haben muss
ISBN 978-3-95451-923-1

Sonja Silberhorn
111 Lost Places in der Oberpfalz, die man gesehen haben muss
ISBN 978-3-7408-0838-9

Regina Urbach, 1966 geboren, studierte Geschichte und Kulturwissenschaft des Vorderen Orients. Seit 2006 lebt sie mit ihrer Familie als Redakteurin und Autorin in Worms, veröffentlichte zwei Stadtführer und mehrere Romane. Immer wieder findet man sie auf Erkundungstour – in Worms und anderswo.